Atenção Plena

ELLEN J. LANGER

Atenção Plena

Como praticar *Mindfulness* em todas as áreas de sua vida

Tradução

Alyne Azuma

Benvirá

Copyright © 1989, 2014 by Ellen Langer
Título original: *Mindfulness*
Esta edição foi publicada mediante acordo com Da Capo Press, um selo da Perseus Books, LLC, uma subsidiária da Hachette Book Group, Inc., Nova York, Nova York, EUA.
Todos os direitos reservados.

Preparação Diana de Hollanda
Revisão Maísa Kawata e Tulio Kawata
Diagramação Eduardo Amaral
Capa Bruno Sales
Imagem de capa malija/Thinkstock
Impressão e acabamento EGB-Editora Gráfica Bernardi

Dados Internacionais de Catalogação na Publicação (CIP)
Angélica Ilacqua CRB-8/7057

Langer, Ellen J.
    Atenção plena : como praticar mindfulness em todas as áreas de sua vida / Ellen J. Langer ; tradução de Alyne Azuma.
- São Paulo : Benvirá, 2018.
    264 p.

ISBN: 978-85-5717-232-6
Título original: Mindfulness

1. Atenção plena 2. Consciência 3. Cognição 4. Capacidade intelectual 5. Saúde I. Título II. Azuma, Alyne

18-0603
                        CDD 153
                        CDU 159.952

Índices para catálogo sistemático:
1. Atenção plena

1ª edição, maio de 2018

Nenhuma parte desta publicação poderá ser reproduzida por qualquer meio ou forma sem a prévia autorização da Saraiva Educação. A violação dos direitos autorais é crime estabelecido na lei nº 9.610/98 e punido pelo artigo 184 do Código Penal.

Todos os direitos reservados à Benvirá, um selo da Saraiva Educação, parte do grupo Somos Educação.
Av. das Nações Unidas, 7221, 1º Andar, Setor B
Pinheiros – São Paulo – SP – CEP: 05425-902

SAC   **0800-0117875**
        De 2ª a 6ª, das 8h às 18h
        www.editorasaraiva.com.br/contato

| EDITAR | 603628 | CL | 670694 | CAE | 627535 |

À memória da minha mãe e da minha avó

Sumário

Prefácio de 25 anos do lançamento
da primeira edição 9

1 | Introdução 25

Parte I **|** Mindlessness ou automatismo 31

2 | Quando a luz está acesa e não tem
ninguém em casa 33
3 | As raízes do automatismo 43
4 | O custo do automatismo 69

Parte II **|** Mindfulness ou atenção plena 85

5 | A natureza da atenção plena 87
6 | Envelhecer com atenção plena 108
7 | Incerteza criativa 144
8 | Atenção plena no trabalho 163

9 | Diminuir o preconceito e aumentar o discernimento 186

10 | Cuidar do necessário: atenção plena e saúde 205

Epílogo | Além da atenção plena 233

Notas 243

Agradecimentos 263

Prefácio de 25 anos do lançamento da primeira edição

Nos anos 1970, enquanto a psicologia social estava vivendo o que foi chamado de "revolução cognitiva" e estudando os tipos de pensamento, comecei a me perguntar se as pessoas de fato pensavam. Décadas de pesquisa depois, descobri que a resposta é um sonoro "NÃO". A qualidade mental de Mindlessness, ou automatismo, é poderosa. Aliás, acredito que praticamente todos os nossos problemas – pessoais, interpessoais, profissionais e sociais – direta ou indiretamente brotam dela. A literatura atual da área de psicologia social sobre *priming*, ou pré-ativação, mostra a frequência com que certos sinais no entorno, sem nosso conhecimento, desencadeiam nossas reações. Nossas emoções, nossas intenções e nossos objetivos podem ser evocados com estímulos mínimos e quase nenhum processamento cognitivo. Podemos não gostar de uma pessoa simplesmente porque ela tem o mesmo nome de alguém de quem não gostávamos no passado. Sem perceber, imitamos os outros a ponto de nosso comportamento motor involuntariamente corresponder ao de estranhos com quem trabalhamos em uma tarefa. Além disso, existe uma ampla literatura sobre estereotipagem que demonstra que indicadores únicos como gênero ou raça podem ativar toda uma série de suposições e ofuscar informações que se contrapõem a elas. Esses e diversos outros estudos revelam que as pessoas reagem de maneira passiva aos sinais que as cercam em vez de fazer escolhas ativas.

Hoje, nossa percepção do automatismo e das maneiras de combatê-lo, no entanto, é extensa. Vinte e cinco anos depois da publicação da primeira edição deste livro, é difícil abrir uma revista ou ouvir uma estação de rádio sem a menção à atenção plena. Apesar de acreditar que ainda temos um longo caminho a percorrer, também acho que estamos em meio a uma revolução da consciência.

Durante as últimas quatro décadas, tentei fazer minha parte para promover essa revolução. Lançando mão da pesquisa descrita na edição original de *Mindfulness*, explorei mais o conceito em contextos como aprendizado, criatividade, negócios e saúde. Um dos estudos apresentados na edição original e amplamente reproduzido foi o retiro experimental que recriou tempos anteriores ao atual (discutido nas páginas 130-142 desta edição). Retiros similares, que revelaram um aumento em habilidades tanto físicas quanto mentais, foram realizados na Inglaterra, na Coreia do Sul e na Holanda. Os resultados muito positivos me encorajaram a disponibilizar os benefícios do retiro (hoje conhecido como "estudo anti-horário") para mais pessoas ao oferecê-los para todos os adultos (ver langermindfulnessinstitute.com). Estar nesse novo ambiente foi tão poderoso que até mesmo o grupo de controle que recordou as memórias durante a semana apresentou melhorias, ainda que menos do que o grupo experimental. Também estamos explorando os efeitos de retiros similares para mulheres com câncer de mama e veteranos que voltaram do Afeganistão e do Iraque com distúrbio de estresse pós-traumático (PTSD). Quando tivermos certeza de que nossos métodos são sólidos, eles também estarão disponíveis para um público mais amplo.

Enquanto o estudo da casa de repouso, realizado com Judith Rodin (descrito nas páginas 109-111 desta edição) – em que as pessoas tinham de tomar decisões de maneira plenamente atenta e cuidar de uma planta –, ajudou a encaminhar um dilúvio de pesquisas sobre corpo/mente, o estudo anti-horário testou uma teoria de mente/corpo mais radical. Nele eu não estava apenas investigando se a mente tem uma enorme influência sobre o corpo. Em vez disso, comecei a questionar se a pesquisa revelaria muitas descobertas mais úteis se considerássemos a mente e o corpo como um. Assim, onde quer que a mente estivesse, o corpo também estaria. Se a mente está por completo num lugar saudável, o corpo também estará. Essa pesquisa traz à luz também o efeito placebo e as remissões espontâneas.

Um experimento mais recente que testou essa teoria da unidade corpo/mente, chamado "estudo camareira", envolveu mulheres que realizavam trabalho físico pesado o dia todo. Quando perguntadas se costumavam se exercitar, essas mulheres responderam que não. Então sugerimos que metade do grupo visse seu trabalho como uma atividade física, como ir à academia. Afirmamos que arrumar camas, por exemplo, era como se exercitar nos aparelhos. Nenhuma outra alteração foi feita. Como resultado da mudança na mentalidade, o grupo experimental, mas não o grupo de controle, perdeu peso e demonstrou uma diminuição na relação entre a medida da cintura e do quadril, no índice de massa corpórea e na pressão sanguínea – tudo em função de mudar a mentalidade ao encarar o trabalho como uma forma de exercício.

Outro teste dessa unidade mente/corpo diz respeito à visão. Decidi estudá-la porque ela apresentou melhora para os idosos no estudo anti-horário original. No oftalmologista, todos nós fazemos o Teste Snellen de Acuidade Visual, que consiste em uma tabela composta por letras em preto e branco que se tornam cada vez menores conforme seguimos a leitura. O que a maior parte de nós não percebe é que, conforme avançamos na leitura, criamos a expectativa de que logo não conseguiremos mais enxergar as letras. Para testar se nossa visão é influenciada por essa expectativa, invertemos a tabela, de modo que as letras se tornassem cada vez maiores conforme fossem lidas de cima para baixo, criando a expectativa de que logo seríamos capazes de enxergá-las. Com essa mudança de expectativa, descobrimos que os participantes da pesquisa conseguiram enxergar corretamente mais letras do que antes. Da mesma forma, sabendo que a maior parte de nós espera ter dificuldade para enxergar quando atinge dois terços da tabela-padrão, criamos outra tabela que começava no último terço do teste original. Agora, a dois terços do fim da tabela, as letras ficam muito menores do que à mesma altura na tabela comum. Mais uma vez, as pessoas no estudo conseguiram ver mais do que antes.

Em outra série de estudos sobre visão, pegamos um texto de um livro e, para um grupo de leitores, diminuímos o tamanho da fonte da letra "a" para um tamanho quase ilegível em todas as ocorrências. Fizemos o mesmo com a letra "e" para outro grupo. O terceiro grupo leu o capítulo na fonte original. Imagine ler as palavras a seguir: tr.s, lug.r, quebr.r. Depois de um tempo, é provável que você comece a perceber que o ponto está no lugar do "a". Depois de ser condicionado a ver o ponto como um "a" ou como um "e", os participantes fizeram outro teste-padrão de acuidade visual. Eles não somente conseguiram ler a letra condicionada ("a" ou "e") quando ela estava quase imperceptível, como conseguiram ler muitas outras letras na tabela também com a fonte muito pequena.

Indo além, percebi como algumas de nossas práticas médicas são bizarras. Testar a visão em um ambiente potencialmente estressante, por meio da leitura de letras estáticas em preto e branco, sem nenhum contexto significativo, e então receber um número que representa nosso grau de acuidade visual me parece quase absurdo. Não sei você, mas quando estou com fome vejo a placa do restaurante mais rápido do que quando não estou faminta. Vejo coisas em movimento de modo diferente de como vejo as que estão paradas. Vejo melhor algumas cores do que outras. Mas, para além de qualquer um desses exemplos, minha visão, como todo o resto, varia no decorrer do dia. Há vezes que vejo melhor do que em outras. Os números mantêm as coisas paralisadas enquanto elas estão mudando. Quando recebemos um único número para nossa visão, nossas expectativas se tornam imutáveis. A atenção plena sugere algo diferente.

Pesquisas como esses estudos de visão destacam os perigos de estabelecer limites. Por exemplo, perguntei a meus alunos: qual é a maior distância humanamente possível de percorrer correndo de uma vez? Como sabem que a maratona tem quase 42 quilômetros, eles usam esse número como parâmetro e chutam que provavelmente ainda não chegaram ao limite, então respondem cerca de 52 quilômetros. Os Tarahumara, das Barrancas del Cobre no México, podem percorrer mais de 320 quilômetros. Se somos plenamente atentos, não presumimos que limites de experiências passadas precisam determinar a experiência presente.

A atenção plena envolve duas estratégias-chave para melhorar a saúde: atenção ao contexto e atenção à variabilidade. O contexto pode fazer uma diferença dramática. Como vimos nos estudos anti-horários, ao recriar uma época em que nos sentimos vitais e saudáveis, passamos a ver que podemos ser vigorosos de novo. A segunda estratégia envolve prestar atenção à variabilidade. Quando observamos mudanças em nossos sintomas, podemos ser capazes de adquirir mais controle sobre doenças crônicas para as quais supomos não haver controle. Ao notar quando nossos sintomas estão melhores ou piores, e então perguntar por quê, duas coisas acontecem. Primeiro, deixamos de pensar que temos os sintomas o tempo todo e passamos a constatar que não é o caso; em seguida, quando perguntamos por que os sintomas são maiores ou menores em determinadas circunstâncias, podemos nos tornar capazes de controlá-las. A busca por causas subjacentes é, em si, uma atitude consciente e, como tal, nos ajuda a nos sentir melhor, independente de solucionar o problema.

Uma abordagem plenamente atenta para nossa saúde é bastante eficiente para problemas "crônicos". Por exemplo, vamos pensar na depressão. Quando estão deprimidas, as pessoas tendem a acreditar que estão nesse estado o tempo todo. Uma postura atenta à variabilidade demonstra que não é o caso, o que em si é reconfortante. Ao notar situações ou momentos específicos em que nos sentimos pior ou melhor, podemos fazer mudanças na nossa vida. Se toda vez que falo ao telefone com Bob eu me sinto inútil, por exemplo, a solução pode ser óbvia.

Parte de nossa pesquisa mais recente sobre atenção à variabilidade foi realizada com mulheres grávidas. Pedimos que elas observassem as mudanças nas sensações que tinham durante a gestação. Por meio de questionários e relatórios feitos por elas mesmas, descobrimos que, depois de um treinamento em atenção plena, houve uma melhoria significativa em sensações de bem-estar e diminuição nas sensações de ansiedade. Também descobrimos que os bebês de mulheres que costumavam cultivar esse estado mental, como demonstrado na Escala

Langer de Mindfulness, tinham resultados melhores no teste de Apgar (índices de bem-estar imediatamente depois do parto). Atenção ao contexto e à variabilidade pode ser eficaz na nossa vida interpessoal também. Sempre que chamamos alguém por algo relacionado à disposição – "preguiçoso", "descuidado", "autocentrado" –, estamos tratando essa pessoa como se ela tivesse uma condição permanente, desconsiderando qualquer evidência contrária. Como destaquei neste livro, o comportamento faz sentido do ponto de vista do ator, ou ele não o teria continuado. Quando nos pegamos sendo críticos, estamos agindo como autômatos. Você pode estar tentando ser confiável, alguém com quem se pode contar, mas os outros o veem como intransigente; quando você se vê como espontâneo, outros podem considerá-lo impulsivo. Você pode ser generoso, mas ser visto como ingênuo; e assim por diante. Ao simplesmente questionar por que podemos ter nos comportado como nos comportamos ou as razões para o comportamento dos outros, vemos as motivações por trás deles e também nos damos conta de que, como os sintomas, as motivações mudam de tempos em tempos e de um lugar para outro. Com essa visão mais respeitosa sobre os demais, é provável que nossas relações melhorem. Quando reclamamos que nossos cônjuges mudaram, talvez o que tenha mudado não seja o comportamento deles, mas nossa compreensão sobre a maneira como se comportam. Se atentos, estamos mais cientes de que o que parece desagradável em um contexto pode ser prazeroso em outro. Aliás, descobrimos que quanto mais atentas as pessoas são, mais satisfeitas estão com suas relações.

A importância da atenção plena nas relações interpessoais vai além de amigos e família. No local de trabalho, pode parecer que algumas pessoas são espertas, habilidosas ou competentes e outras, não. Algumas "têm aquilo", outras apenas não o têm. Como resultado, acreditamos que é preciso dizer ao segundo grupo o que fazer, e abrimos mão de tudo o que ele pode nos ensinar.

O que aconteceria se todos fossem igualmente respeitados e encorajados a ser plenamente atentos? Testamos isso com orquestras sinfônicas, que costumam ser hierárquicas. Em uma orquestra, pediu-se que cada instrumentista tocasse a sua parte da música com inovações bem sutis, de modo que apenas o instrumentista as identificasse. Uma outra tocaria a mesma música, reproduzindo uma performance passada que seus membros tivessem considerado especialmente boa. As performances foram gravadas e então apresentadas para plateias que não sabiam do experimento. Além disso, todos os músicos receberam um questionário que perguntava o quanto tinham aproveitado a apresentação. De modo esmagador, as plateias e os músicos preferiram ouvir e tocar a performance feita de modo plenamente atento. A importância desse trabalho para processos de grupo me ocorreu apenas quando estava escrevendo o artigo sobre a pesquisa. Pode-se pensar que se todos essencialmente tocassem "a seu modo", o resultado seria o caos. (Eles estavam tocando música clássica, não *jazz*.) No entanto, quando fizeram o que queriam, tornando a composição sutilmente nova, cada pessoa se tornou mais presente, e o resultado foi uma performance coordenada superior.

Nossos estereótipos podem esconder de nós o talento das pessoas. Como consequência, elas podem ter sentimentos de inadequação, e perdemos todas as contribuições que poderiam fazer para o desempenho do grupo.

O líder bem-sucedido pode ser a pessoa que reconhece que todos temos talentos e que seu principal trabalho é encorajar a atenção plena em sua equipe. O que faz um líder ser eficiente? Em um estudo, consideramos as mulheres e a liderança. As mulheres têm um problema específico: se elas se comportam como homens e são fortes, podem não ser queridas, mas se agem da maneira tradicionalmente feminina, podem ser vistas como fracas. Fizemos as mulheres aprenderem um discurso persuasivo até que o soubessem de cor (de modo automatizado). Filmamos todas as vezes que discursaram. Metade delas recebeu a instrução de se comportar de modo masculinizado e forte, a outra, feminilizado e afetuoso ao falar. Mostramos a versão final, decorada e automática para algumas pessoas, e, para outras, uma versão anterior, em que as mulheres tinham total consciência do estilo de sua fala, a versão plenamente atenta. Os resultados foram claros. Tudo o que importou foi se elas estavam plenamente atentas ou não. Em caso positivo, independente de femininas ou masculinizadas em sua conduta, foram avaliadas como carismáticas, confiáveis e genuínas – características importantes para bons líderes. Em termos simples, as pessoas nos consideram mais atraentes quando somos plenamente atentos. É normal considerarmos a criatividade e a inovação, quer no trabalho ou nas artes, território de poucos. A atenção plena pode encorajar a criatividade quando o foco é o processo e não o produto. Um exemplo de como o automatismo pode restringir a inovação: pense uma empresa tentando fazer uma cola e que, em vez disso, produz uma substância que não consegue aderir bem. Isso pode ser considerado um fracasso. No entanto, não foi bem assim para os engenheiros da 3M, que criaram o Post-It aproveitando a capacidade do produto de não grudar como cola. O automatismo costuma limitar muitos dos nossos esforços. Em primeiro lugar, talvez tenhamos expectativas bastante rígidas sobre o que estamos tentando fazer; em segundo, quando algo não funciona como planejado, consideramos isso um fracasso; e, em terceiro, supomos que o resultado não tem utilidade. Um erro muito comum e automatizado que costumamos cometer é tratar o nome dos produtos ou objetos como sendo as coisas em si. Em um experimento, demos a um grupo de pessoas produtos que não fizeram sucesso no mercado. Para uma parte mostramos o produto que "falhou" e perguntamos o que fariam com aquilo. A maioria disse que o abandonaria em favor de outra coisa. Perguntamos a uma outra parte das pessoas o que elas *poderiam fazer* com o produto que fracassou (por exemplo, uma cola que não adere). Algumas se tornaram mais inovadoras. Quando apresentamos as propriedades do item para um terceiro grupo sem mencionar seu propósito original (nome), um número maior de pessoas foi capaz de dar sugestões plenamente atentas.

Tentar manter-se plenamente atento em tudo o que fazemos pode parecer cansativo. Em muitas palestras que dei ao longo dos anos, as pessoas estremeceram quando eu disse que deveríamos estar plenamente atentos quase o tempo todo. Elas acham que é muito trabalhoso. Acredito que ser plenamente atento não é difícil, mas pode parecer por causa da autoavaliação ansiosa que acrescentamos a isso. "E se eu não conseguir encontrar uma solução?" A ansiedade gera estresse, e o estresse é exaustivo. A atenção plena não é. Ser plenamente atento nos permite um envolvimento feliz com o que estamos fazendo. O tempo passa depressa, e nos sentimos totalmente vivos. Pense numa viagem. Nós nos abrimos para ver coisas novas. Pode ser fisicamente exaustivo, mas também muito divertido. Fizemos um estudo em que demos a dois grupos a mesma tarefa: avaliar desenhos animados. A um grupo a tarefa foi apresentada como um trabalho, ao outro, como um jogo. O primeiro percebeu que sua mente divagou, e que claramente não estava se divertindo. O grupo que executou a mesma tarefa como se fosse um jogo aproveitou a experiência toda.

Quando viajamos ou tratamos o trabalho como uma brincadeira, vemos que a atenção plena é essencialmente divertida e gera energia, em vez de consumi-la. O humor tem o mesmo efeito em nós. Como nem todo mundo considera minhas piadas engraçadas, vou resistir à tentação de ilustrar essa questão. Em vez disso, vou convidá-lo a pensar por que você riu de uma piada da última vez. Se a melhor parte fez você perceber que a história poderia ser compreendida de uma outra forma além de como a entendeu da primeira vez, esse foi um momento de atenção plena.

Talvez seja importante destacar o fato de que a atenção plena traz uma sensação boa. Quando escrevi sobre automatismo e atenção plena em 1977, algumas pessoas equipararam os conceitos a processamento automático *versus* controlado, assunto sobre o qual tinham acabado de escrever e que hoje são conhecidos como Sistema 1 *versus* Sistema 2. O Sistema 1 é o processamento automático, e o Sistema 2 é, essencialmente, processamento controlado. De modo superficial, eles parecem os mesmos dois conceitos que estudo há anos. Processamento controlado e atenção plena, entretanto, são extremamente diferentes. Assim como o processamento automático e o automatismo. O processamento automático sem dúvida é automatizado, mas o automatismo pode surgir em um modo não automático devido à nossa exposição inicial à informação. Por exemplo, eu estava na casa de um amigo para jantar, e o garfo estava do lado "errado" do prato. Senti que alguma lei natural tinha sido violada. Questionei por que eu me importava com algo tão bobo. E me dei conta de que, quando eu era criança, minha mãe simplesmente me dizia: "O garfo fica do lado esquerdo do prato". Era a única coisa dita, e isso determinou minha reação até hoje. Atenção plena não é processamento controlado. O processamento controlado, como a memorização de informações para uma prova, pode ser cansativo; multiplicar algarismos de três dígitos por algarismos de quatro dígitos também. Ambos em geral são realizados como atividades automatizadas, não plenamente conscientes. A multiplicação e as memorizações poderiam se tornar atos de total consciência se fossem experimentados de novas maneiras, mas raramente fazemos isso. Para empreender um ato de modo plenamente atento, uma novidade precisa ser apresentada.

Quase qualquer atividade pode ser realizada com atenção plena. Em uma investigação, pedimos às pessoas para realizar uma atividade de que não gostavam. Aquelas que detestavam assistir ao futebol americano foram fazê-lo; aquelas que desgostavam de música clássica ou rap ouviram esses gêneros; aquelas que não gostavam de arte passaram um tempo observando pinturas. Em cada caso, formamos quatro grupos: um apenas realizou a atividade; o segundo recebeu a instrução para notar algo novo no exercício; o terceiro, três coisas novas; e o último, seis. Quanto mais notavam, mais gostavam da atividade. O tédio parece ser uma função do automatismo.

Tudo pode se tornar interessante. Em *Velhos tempos no Mississippi*, Mark Twain olhou para a superfície do rio e escreveu: "A face da água, com o tempo, se tornou um lindo livro – um livro que era uma língua morta para o passageiro ignorante, mas que falou o que pensava para mim sem reservas, oferecendo os segredos mais estimados tão claramente quanto se o fizesse com uma voz".

Uma vasta literatura sobre atenção plena preencheu publicações acadêmicas e populares desde que comecei este trabalho. Boa parte da pesquisa recente na verdade é sobre as várias formas de meditação, e o foco é impedir o estresse e as emoções negativas. A meditação é uma *ferramenta* para alcançar a atenção plena pós-meditativa. Independentemente de como cheguemos lá, seja pela meditação ou de modo mais direto, prestando atenção à novidade e questionando suposições, ser plenamente atento é estar no presente, notar todas as maravilhas que não percebemos que estavam bem diante de nós. Uma das maneiras como nos tornamos autômatos é criando categorias e então nos aprisionando nelas. Presumimos que elas têm alguma validade independente de nós. Por exemplo, vamos pegar as categorias do trabalho *versus* da vida, como em todas as discussões de "equilíbrio trabalho e vida pessoal". A integração entre trabalho e vida pessoal parece um objetivo melhor que o equilíbrio. Equilíbrio sugere que nossa vida está dividida em duas partes. Quanto mais conscientes somos, menos a compartimentamos.

Psicólogos sociais argumentam que quem somos em determinada ocasião depende em grande parte do contexto em que nos encontramos. Mas quem cria o contexto? Quanto mais plenamente atentos somos, mais podemos criar os próprios contextos. Quando os criamos, é mais provável que sejamos autênticos. A atenção plena nos permite ver coisas sob uma nova luz e acreditar na possibilidade de mudança. Quando nos sentimos presos a regras e procedimentos de trabalho rígidos, podemos reconhecer que essas decisões foram tomadas por determinados indivíduos. Essas pessoas viviam em um momento específico da história, com propensões e necessidades específicas. Se nos dermos conta disso, mais de nós consideraremos redesenhar nosso trabalho para ele se adequar às nossas habilidades e vida. As políticas de uma empresa um dia foram apenas os melhores esforços de alguém, e não são imutáveis. Ao recolocar as pessoas na equação, ao enxergar que as categorias são feitas por indivíduos, reconhecemos que quase tudo é mutável. O trabalho parece uma brincadeira, e a brincadeira parece tão valiosa quanto o trabalho. Pense numa placa que diz "Não pise na grama". A maioria das pessoas segue esse comando de maneira automática. Mas e se a placa dissesse "Ellen diz: não pise na grama"? Podemos então perguntar "Quem é Ellen, e ela de fato se importaria se eu me sentasse na grama hoje? Posso negociar com ela?". Até onde sei, a resposta para essas perguntas é sempre "sim". Quanto mais nos damos conta de que as visões de nós mesmos, dos outros e dos supostos limites a respeito dos nossos talentos, nossa saúde e nossa felicidade foram aceitas automaticamente por nós em uma ocasião anterior na vida, mais nos abrimos para a constatação de que elas também podem mudar. E tudo o que precisamos fazer para começar o processo é ser plenamente atentos.

1

Introdução

> Não gosto da ideia de um tema unitário, prefiro o movimento de um caleidoscópio: você o mexe de leve e as pequenas peças de vidro colorido formam um novo padrão.
>
> – Roland Barthes, *O grão da voz*

Um dia, em uma casa de repouso em Connecticut, nos Estados Unidos, foram oferecidas a cada residente opções de plantas caseiras para que cuidassem e pediu-se a eles que tomassem uma série de pequenas decisões sobre sua rotina diária. Um ano e meio depois, essas pessoas não só estavam mais animadas, ativas e alertas do que um grupo similar na mesma instituição que não recebeu as plantas nem responsabilidades, mas também muitas mais continuavam vivas. Aliás, menos da metade dos residentes que tomaram decisões e cuidaram das plantas morreu em comparação ao outro grupo. Esse experimento, com seus resultados surpreendentes, deu início a mais de dez anos de pesquisa sobre os poderosos efeitos do que meus colegas e eu passamos a chamar de *atenção plena*, e sua contrapartida, o igualmente poderoso, mas destrutivo, estado de *automatismo*.[1] Ao contrário dos exóticos "estados alterados de consciência" sobre os quais lemos tantas coisas, a atenção plena e o automatismo são tão comuns que poucos de nós valorizamos sua importância ou usamos seu poder para mudar nossa vida. Este livro é sobre os custos psicológicos e físicos que pagamos por causa do automatismo disseminado e, mais importante, sobre os benefícios de maior controle, opções mais ricas e limites transcendidos que a atenção plena pode tornar possíveis.

Ainda que os resultados dessa pesquisa tenham sido publicados em uma série de artigos acadêmicos, há muito tempo eu tenho vontade de apresentar suas implicações para um público mais amplo. Os benefícios de se tornar mais plenamente atento me parecem valiosos demais para ficarem escondidos nos arquivos da psicologia social. Toda vez que recebo um pedido de um executivo ou de um repórter para reimprimir um artigo publicado, eu gostaria de passá-lo por uma máquina de tradução instantânea que expurgasse todo o jargão e as estatísticas e revelasse as mais importantes implicações práticas por trás dos resultados. Este livro, ainda que longe de "instantâneo" na elaboração, é uma tradução de mais de cinquenta experimentos e uma tentativa de demonstrar suas conclusões para além do laboratório, tanto na literatura quanto na vida cotidiana.

Minha primeira experiência com os graves riscos do automatismo ocorreu enquanto eu estava na pós-graduação.

Minha avó reclamou para os médicos sobre uma cobra que passeava em seu crânio e lhe dava dores de cabeça. As descrições dela eram vívidas e figurativas, não literais. Essa era apenas a maneira como ela falava. Mas os jovens médicos que cuidavam dela prestaram pouca atenção ao que aquela senhora de outra cultura estava lhes dizendo. Eles diagnosticaram senilidade. A senilidade vem com a velhice, afinal, e faz as pessoas falarem coisas sem sentido. Quando minha avó ficou mais confusa e infeliz, eles recomendaram terapia eletroconvulsiva ("tratamento de choque") e convenceram minha mãe a aprovar.

Foi só depois de uma autópsia que o tumor no cérebro da minha avó foi detectado. Compartilhei da agonia e da culpa da minha mãe. Mas quem éramos nós para questionar os médicos? Anos depois eu continuava pensando nas reações dos médicos às reclamações da minha avó e nas nossas reações aos médicos. Eles fizeram o que tinham que fazer quanto ao diagnóstico, mas não estavam abertos ao que ouviam. As mentalidades sobre a senilidade interferiram. Nós não questionamos os médicos; as mentalidades sobre os especialistas interferiram. No fim das contas, enquanto eu continuava meu trabalho em psicologia social, vi algumas das razões para nossos erros, e isso me fez avançar ainda mais no estudo do comportamento automatizado.

Em geral, a psicologia social busca pelas maneiras como o comportamento depende do contexto. Quando estão no modo automatizado, no entanto, as pessoas tratam as informações como se elas fossem *livres de contexto* – verdadeiras independentemente das circunstâncias. Por exemplo, vamos considerar a afirmação: a heroína é perigosa. Quão verdadeira ela é para um indivíduo que está morrendo e sofrendo uma dor intolerável?

Uma vez alertada dos perigos do automatismo e da possibilidade de gerar uma atitude mais plenamente atenta por meio de medidas de aparência tão simples como as usadas no experimento da casa de repouso, comecei a ver esse fenômeno de dois gumes no trabalho em muitos ambientes diferentes. Por exemplo, vamos considerar os eventos que levaram ao acidente de um avião da Air Florida, em 1982, que matou 74 passageiros. Era um voo de rotina de Washington, D.C., para a Flórida com uma equipe de bordo experiente. A saúde do piloto e a do copiloto estavam excelentes. Nenhum dos dois estava cansado, estressado ou sob a influência de alguma substância. O que deu errado? Uma análise extensa apontou para a checagem de controles pré-decolagem da tripulação. Enquanto o copiloto enumera cada controle em sua lista, o piloto se certifica de que os botões estão onde devem estar. Um desses controles é um anticongelante. Nesse dia, o piloto e o copiloto conferiram cada um dos controles como sempre faziam. Eles seguiram sua rotina e marcaram "desligado" quando o anticongelante foi mencionado. Dessa vez, no entanto, o voo foi diferente da experiência que tinham. Dessa vez, não estavam voando, como de costume, no clima quente do sul dos Estados Unidos. Estava gelado lá fora.

Enquanto fazia a checagem de controle, um por um como sempre, o piloto parecia estar pensando, mas não estava.[2] Os procedimentos pré-decolagem do piloto e do copiloto tinham muito em comum com as enfadonhas demonstrações de segurança das comissárias de bordo para os passageiros experientes e com olhos apáticos. Quando repetimos rotinas cegamente ou executamos ordens sem sentido sem nos dar conta, estamos agindo como autômatos, com consequências potencialmente graves para nós mesmos e para os demais.

Nem todos nós nos permitimos nos tornar autômatos. Alguns pianistas de concerto memorizam a música longe do teclado para evitar o problema de que seus dedos "conheçam" a música, mas eles, não. Na essência, esses especialistas se mantêm plenamente atentos para seus recitais. Eles não podem achar que a apresentação está garantida somente com um teclado.

Nos capítulos a seguir, vou demonstrar como e por que o automatismo se desenvolve, e revelar como podemos nos tornar mais plenamente atentos e orientados no presente em aspectos muito diferentes da vida. O Capítulo 2 examina a natureza do automatismo e sua relação com conceitos semelhantes, como o hábito e a inconsciência. O Capítulo 3 explora as causas do automatismo, incluindo o papel vital do contexto e a natureza da nossa educação inicial. Um panorama dos custos do automatismo, as limitações que ele impõe às nossas habilidades e às expectativas e ao potencial é apresentado no Capítulo 4. No Capítulo 5, discuto a natureza da atenção plena e faço a distinção com conceitos encontrados na filosofia oriental. Do Capítulo 6 até o 10, demonstro as aplicações da pesquisa de atenção plena em cinco grandes áreas da vida: envelhecimento, criatividade, trabalho, problema do preconceito e saúde.

Essas partes da minha pesquisa em que gostei especialmente de pensar, incluindo a administração da incerteza no trabalho e o vínculo entre o automatismo e a velha armadilha do dualismo mente/corpo, são apresentadas nos momentos apropriados, nesse caso nos capítulos sobre trabalho e saúde, 8 e 10, respectivamente. No entanto, assim como tantas outras coisas neste livro, elas têm implicações em muitos outros campos. Parafraseando Ivan Illich, quando explicou por que destacou a educação, o transporte e então a profissão do médico para sua crítica da tecnologia e do desempoderamento, eu poderia muito bem ter escolhido escrever sobre o correio (ou até sobre política).[3]

Como seguir com rigidez um grupo de regras e ser plenamente atento são, por definição, incompatíveis, este livro não vai oferecer receitas. Muitos que leram o manuscrito nos estágios iniciais ou colaboraram comigo na pesquisa perceberam, assim como eu, que pensar sobre atenção plena e automatismo alterou sua visão do mundo. Alguns acharam mais fácil correr riscos e receber bem as mudanças, ou sentiram menos medo do fracasso. Outros se sentiram no controle quando antes se sentiam indefesos, ou mais livres quando costumavam se sentir confinados. Espero que os leitores gostem dos vislumbres da nossa pesquisa, questionem suas conclusões com atenção plena e testem as implicações na própria vida.

… PARTE UM

Mindlessness ou automatismo

2

Quando a luz está acesa e não tem ninguém em casa

> Do tempo extraímos "dias" e "noites", "verões" e "invernos". Dizemos *o que* cada parte do continuum sensível é, e todos esses *termos* abstratos são conceitos. A vida intelectual do homem consiste quase inteiramente na substituição de uma ordem conceitual pela ordem perceptiva em que sua experiência vem originalmente.
> – William James, "The World We Live In"

Imagine que são duas da madrugada. Sua campainha toca; você se levanta, assustado, e desce a escada. Você abre a porta e vê um homem parado à sua frente. Ele está usando dois anéis de diamante e um casaco de pele, e tem um Rolls Royce atrás dele. Ele diz que sente muito por ter acordado você naquele horário absurdo, mas está no meio de uma caça ao tesouro. A ex-mulher dele está na mesma competição, o que torna muito importante para ele vencer. O homem precisa de um pedaço de madeira de cerca de noventa centímetros por dois metros. Você pode ajudá-lo? Para valer a pena, ele vai lhe dar dez mil dólares. Você acredita. Ele obviamente é rico. Então você diz para si mesmo, como posso conseguir esse pedaço de madeira para ele? Pensa no depósito de madeira, mas não sabe quem é o dono. Aliás, você nem sabe ao certo onde ele fica. O lugar deve estar fechado às duas da madrugada de todo modo. Você se esforça, mas não consegue pensar em nada. E, com relutância, diz ao homem: "Puxa, me desculpe".

No dia seguinte, ao passar por uma obra perto da casa de um amigo, você vê um pedaço de madeira que tem basicamente as medidas certas, uns noventa centímetros por um pouco mais de dois metros – uma porta. Você poderia simplesmente ter tirado uma porta das dobradiças e entregado para ele por dez mil dólares.

Por que raios, pergunta a si mesmo, não lhe ocorreu fazer isso? Isso não lhe ocorreu porque ontem sua porta não era um pedaço de madeira. O pedaço de madeira de noventa centímetros por dois metros estava escondido de você, preso na categoria "porta".

Esse tipo de automatismo, que em geral assume formas mais enfadonhas – "Por que não pensei em Susan? Ela sabe desentupir pias"–, pode ser chamado de "aprisionamento por categoria". É uma das três definições que podem nos ajudar a entender a natureza do automatismo. As outras duas, que também vamos explicar, são o comportamento automatizado e a ação a partir de uma única perspectiva.

Presos por categorias

Nós vivenciamos o mundo criando categorias e fazendo distinções entre elas. "Esse é um vaso chinês, não japonês." "Não, ele é apenas calouro." "As orquídeas brancas estão em perigo." "Ela é chefe dele agora." Dessa forma, criamos uma imagem do mundo e de nós mesmos. Sem categorias, o mundo pode parecer nos escapar. Os budistas tibetanos chamam esse hábito da mente de "o senhor da fala".

> Adotamos grupos de categorias que servem como formas de administrar os fenômenos. Os produtos mais desenvolvidos dessa tendência são ideologias, os sistemas de ideias que racionalizam, justificam e santificam nossa vida. Nacionalismo, comunismo, existencialismo, cristianismo, budismo – todos eles nos fornecem identidades, regras de ação e interpretações de como e por que as coisas acontecem como acontecem.[1]

A criação de novas categorias, como veremos ao longo deste livro, é uma atividade de atenção plena. O automatismo estabelece-se quando confiamos de maneira muito rígida em categorias e distinções criadas no passado (masculino/feminino, velho/jovem, sucesso/fracasso). Uma vez criadas, as distinções ganham vida própria. Vamos considerar: (1) Primeiro havia a Terra. (2) Então vieram o solo, o mar e o céu. (3) Depois, surgiram os países. (4) Em seguida, formou-se a Alemanha. (5) E nasceu a Alemanha Oriental *versus* Alemanha Ocidental. As categorias que criamos ganham impulso e são muito difíceis de desfazer. Construímos realidades próprias e compartilhadas e então nos tornamos vítimas delas – cegos para o fato de que são construções, ideias.

Se olharmos para as categorias de uma era passada, quando firmemente estabelecidas, é mais fácil ver por que as novas classificações podem se tornar necessárias. O escritor argentino Jorge Luis Borges cita uma antiga enciclopédia chinesa em que os animais são classificados como "(a) pertencentes ao imperador, (b) embalsamados, (c) mansos, (d) leitões, (e) sereia, (f) cães perdidos, (g) incluídos na presente classificação, (h) loucos, (i) inumeráveis, (j) desenhados com um belo pincel de camelo, (k) *et cetera*, (l) tendo acabado de quebrar o jarro d'água, (m) que a uma longa distância parecem moscas".[2] Estar automatizado é estar preso em um mundo rígido em que certas criaturas sempre pertencem ao imperador, o cristianismo é sempre bom, algumas pessoas são sempre intocáveis e as portas são apenas portas.

Comportamento automático

Você já disse "com licença" para um manequim de loja ou preencheu um cheque em janeiro com o ano anterior? Quando fazemos isso, absorvemos e usamos sinais limitados do mundo à nossa volta (a forma feminina, a imagem familiar do cheque) sem deixar outros sinais (a pose imóvel, um calendário) penetrarem também.

Uma vez, em uma pequena loja de departamento, entreguei à caixa um cartão de crédito novo. Notando que ele não estava assinado, ela o devolveu para que eu o fizesse. Em seguida, pegou o cartão, passou-o pela máquina, me entregou o recibo e me pediu para assiná-lo. Fiz o que me foi pedido. A caixa então segurou o recibo ao lado do cartão recém-assinado para ver se as assinaturas eram iguais.

A psicologia moderna não prestou muita atenção a quantas ações complexas são realizadas de modo automatizado, no entanto, já em 1896 Leon Solomons e Gertrude Stein olharam para essa questão. (Essa é "a" Gertrude Stein que, de 1893 a 1898, foi aluna de pós-graduação de psicologia experimental na Universidade Harvard, sob a orientação de William James.) Eles estudaram o que então era chamado de "personalidades duplas" e mais tarde passou a ser conhecido como "personalidades dissociadas", e propuseram que a performance automática da segunda personalidade era essencialmente similar à das pessoas comuns. As pessoas comuns também se envolvem em uma grande quantidade de comportamentos complexos sem prestar atenção conscientemente a eles. Solomons e Stein realizaram diversos experimentos em que foram suas próprias cobaias, demonstrando que tanto a escrita quanto a leitura poderiam ser feitas automaticamente. Eles conseguiram escrever palavras em inglês enquanto estavam absortos na leitura de uma história envolvente. Com muita prática, foram capazes de anotar um ditado automaticamente enquanto liam. Depois, eram completamente incapazes de recordar quais palavras tinham escrito, mas, mesmo assim, estavam certos de terem anotado alguma coisa. Para demonstrar que a leitura poderia acontecer automaticamente, um deles declamava um livro em voz alta enquanto escutava uma história envolvente que era lida para si. De novo, os dois descobriram que, após muita prática, conseguiam ler em voz alta sem dificuldade enquanto voltavam sua atenção completa para a história que estava sendo lida para eles.

Solomons e Stein concluíram que uma vasta quantidade de ações que consideramos inteligentes, como a leitura e a escrita, pode ser feita automaticamente: "Demonstramos, da parte das pessoas normais, uma tendência generalizada de *agir* sem qualquer desejo expresso ou volição consciente, de uma maneira geralmente de acordo com os *hábitos prévios* da pessoa".[3]

Um experimento que realizei em 1978 com os também psicólogos Benzion Chanowitz e Arthur Blank explorou esse tipo de automatismo.[4] Nossa ambientação foi o Centro de Pós-Graduação da Universidade da Cidade de Nova York. Abordamos pessoas que estavam usando uma copiadora e perguntamos se elas nos deixariam copiar alguma coisa naquele momento. Oferecemos razões sólidas ou absurdas. Uma resposta idêntica para os pedidos sólidos e para os absurdos demonstraria que nossos participantes não estavam pensando no que estava sendo dito. Fizemos um de três pedidos: "Com licença, posso usar a máquina de Xerox?"; "Com licença, posso usar a máquina de Xerox porque quero fazer cópias?"; "Com licença, posso usar a máquina de Xerox porque estou com pressa?".

O primeiro e o segundo pedidos são idênticos em *conteúdo* – o que mais alguém faria com uma copiadora além de fazer cópias? Portanto, se as pessoas estivessem considerando o que de fato estava sendo dito, os primeiros dois pedidos deveriam ser igualmente eficientes. Do ponto de vista estrutural, no entanto, eles são diferentes. O pedido redundante ("Com licença, posso usar a máquina de Xerox porque quero fazer cópias?") é mais parecido com o último ("Com licença, posso usar a máquina de Xerox porque estou com pressa?") porque ambos fazem o pedido e oferecem uma razão. Se as pessoas concordassem com os últimos dois pedidos em números iguais, pode significar atenção à estrutura em vez de atenção consciente ao conteúdo. Isso, aliás, foi exatamente o que descobrimos. Houve mais aceitação quando uma razão era fornecida – quer a razão soasse legítima ou boba. As pessoas reagiam de modo automatizado à estrutura familiar em vez de atender de maneira plenamente atenta ao conteúdo.

Claro, existem limites para isso. Se alguém pedisse um favor muito grande ou se a desculpa fosse incomumente absurda ("porque um elefante está me perseguindo"), é provável que o indivíduo pensasse no que estava sendo dito. Não é que as pessoas não escutam nada do pedido; elas apenas não pensam nele ativamente.

Num experimento semelhante, mandamos um memorando interdepartamental para alguns escritórios da universidade. A mensagem pedia ou exigia o retorno do memorando para uma sala designada – e era a única coisa dita.[5] ("Por favor, devolva isto imediatamente para a Sala

247" ou "Este memorando deve ser devolvido para a Sala 247".) Qualquer um que lesse o memorando com atenção plena perguntaria: "Se quem quer que tenha enviado isso queria o memorando, por que o enviou?", e, portanto, não o devolveria. Metade dos memorandos foi feito para parecer exatamente com os que costumam ser enviados entre departamentos. A outra metade foi feita para parecer um pouco diferente. Quando o memorando se parecia com os usados normalmente, 90% dos destinatários de fato os devolveu. Quando parecia diferente, 60% o devolveu.

Quando eu estava discutindo esses estudos em um colóquio da universidade, uma pessoa na plateia me contou um pequeno "conto do vigário" que funcionava de um jeito parecido. Alguém colocou um anúncio em um jornal de Los Angeles que dizia "Não é tarde demais para enviar U$ 1 para _____" e oferecia o nome e o endereço da própria pessoa. O leitor não recebia nenhuma promessa em retorno. Muitos responderam, enviando um dólar. A pessoa que criou o anúncio aparentemente recebeu uma bela quantia.

O comportamento automático em evidência nesses exemplos tem muito em comum com o hábito.[6] O hábito, ou a tendência a manter um comportamento que foi repetido ao longo do tempo, naturalmente implica automatismo. No entanto, como vamos ver no próximo capítulo, o comportamento automatizado pode emergir sem um longo histórico de repetição; aliás, quase instantaneamente.

Agir a partir de uma única perspectiva

Com frequência, agimos como se houvesse apenas um grupo de regras. Por exemplo, ao cozinhar temos a tendência de seguir as receitas com uma cuidadosa precisão. Acrescentamos ingredientes como se fosse um decreto oficial. Se a receita pedir uma pitada de sal e quatro pitadas caírem, surge o pânico, como se a tigela fosse explodir. Ao pensar em uma receita apenas como uma regra, não costumamos considerar que o paladar das pessoas varia ou que seria divertido criar um prato.

O primeiro experimento que realizei na pós-graduação explorou esse problema da perspectiva única. Foi um estudo piloto para examinar a eficácia de diferentes pedidos de ajuda. Uma colega pesquisadora ficou parada em uma calçada movimentada e disse aos passantes que tinha torcido o joelho e precisava de ajuda. Se alguém parava, ela pedia para a pessoa conseguir uma bandagem elástica da farmácia mais próxima. Eu fiquei dentro da farmácia ouvindo a pessoa solícita fazer o pedido ao atendente, que já tinha concordado em dizer que as bandagens elásticas tinham acabado. Depois de ouvir essa informação, nenhum participante, dos 25 que pesquisamos, pensou em perguntar ao farmacêutico se ele recomendaria outra coisa. As pessoas saíam da farmácia, voltavam de mãos vazias para a "vítima" e davam a notícia. Especulamos que se ela tivesse pedido por uma ajuda menos específica, talvez a tivesse conseguido. Mas, agindo a partir da perspectiva única de que um joelho torcido precisa de uma bandagem elástica, ninguém tentou encontrar outros tipos de ajuda.

Para exemplificar como uma perspectiva limitada pode dominar nosso pensamento, leia a frase a seguir:

FÓLIOS FINAIS CONFIGURAM O FRUTO DE ANOS DE ESFORÇO DE ESTUDAR ENFATICAMENTE TEXTOS JUNTO COM ANOS A FIO DE EXPERIMENTOS CIENTÍFICOS.

Agora conte quantos "F" aparecem, lendo apenas mais uma vez a frase.

Se você encontrar menos do que de fato há (a resposta está nas notas[7]), sua contagem provavelmente foi influenciada pelo fato de as primeiras duas palavras na frase começarem com "F". Ao contar, sua mente tenderia a se prender a essa dica, ou perspectiva única, e perder alguns "F" escondidos no meio das palavras.

Instruções muito específicas como essa ou o pedido de uma bandagem elástica encorajam o automatismo. Quando as assimilamos, nossa mente se fecha como a concha de um marisco no gelo e não deixa novos sinais entrarem. No próximo capítulo, vamos dar uma olhada em algumas das razões por que ficamos presos em um estado mental rígido e fechado.

3

As raízes do automatismo

> Sabemos que o primeiro passo na direção do domínio intelectual do mundo em que vivemos é a descoberta de princípios gerais, regras e leis que trazem ordem ao caos. Com tais operações mentais, simplificamos o mundo dos fenômenos, mas não podemos evitar sua falsificação ao fazê-lo, especialmente quando estamos lidando com processos de desenvolvimento e mudança.
>
> – Sigmund Freud,
> "Análise terminável e interminável"

Como Freud destaca, as regras e leis que primeiro usamos para tentar entender o mundo mais tarde nos levam a ter uma visão falsificada. Contudo, depois tendemos a nos prender a essas regras e às categorias que construímos para elas, como autômatos. Entre as razões de fazermos isso estão a repetição, a prática e um efeito mais sutil e poderoso que os psicólogos chamam de comprometimento cognitivo precoce. Neste capítulo, vamos examinar cada um desses processos, bem como algumas mentalidades que tendem a perpetuá-los.

O autômato especialista

Qualquer um que seja capaz de tricotar enquanto assiste à TV, ou ouvir rádio enquanto dirige, sabe que tarefas aprendidas desaparecem da mente. À medida que repetimos de novo e de novo uma tarefa e nos tornamos melhores nela, as partes individuais desse ato se afastam da nossa consciência. Finalmente, passamos a presumir que *podemos* executá-la ainda que não saibamos mais *como* a executamos. Aliás, questionar o processo pode ter resultados surpreendentes. Se algo ou alguém nos faz questionar nossa competência numa tarefa que conhecemos moderadamente bem, mas *não* dominamos, podemos revirar nossa mente em busca dos passos da tarefa e encontrá-los. Assim, podemos concluir que *não* somos incompetentes. No entanto, se conhecemos uma tarefa tão bem que podemos desempenhá-la como "especialistas" (de maneira automatizada), esses passos podem não mais estar disponíveis conscientemente, e nós talvez duvidemos da nossa competência.

No meu escritório, havia um digitador muito rápido – demoniacamente rápido, aliás – que também conseguia ler e reter o que estava digitando. Ele tinha desenvolvido essas habilidades avançadas com o tempo. Um dia, enquanto estava digitando alegremente, perguntei se ele podia me ensinar a fazer o que ele fazia. Enquanto desmembrava cada habilidade, seus dedos ágeis diminuíram bastante a velocidade, assim como sua memória para como e o que digitava. Tornar-se consciente o incapacitou.

Para descobrir se esse tipo de automatismo é um ingrediente em outros comportamentos, minha colega Cynthia Weinman e eu realizamos um experimento em fala extemporânea.[1] Pedimos para as pessoas na fila do seguro-desemprego, em Boston, para participarem de um "estudo linguístico de qualidade de voz". (Ninguém na cidade está a salvo das nossas ideias.) Solicitamos aos que concordaram para falar no gravador. A uma metade pedimos que falasse sobre por que era difícil encontrar um emprego em Boston. À outra, sobre conseguir um emprego no Alasca – supostamente uma questão sobre a qual eles não tinham pensado muito. Pedimos que metade de cada um desses dois grupos pensasse no tópico antes. Os resultados foram claros. Os participantes foram muito mais fluentes quando estavam discutindo uma questão nova depois de terem tempo para pensar sobre ela *ou* quando falavam sobre um tópico familiar de imediato, sem tempo para refletir. Pensar sobre um tema muito familiar atrapalhou seu desempenho.

A repetição pode levar ao automatismo em quase todas as profissões. Se pedir a um digitador experiente e a um novato para digitar um parágrafo sem os espaços normais que separam as palavras, "dooutroladodomarvive etc.", é provável que a pessoa com menos experiência leve vantagem. Quando qualquer tarefa muito repetida é levemente modificada de modo incomum, o novato pode se sair melhor.

Uma estrutura ou um ritmo familiar ajuda a levar à preguiça mental, funcionando como um sinal de que não há necessidade de prestar atenção. O ritmo do familiar leva ao automatismo:

P. Como se chama um rebanho de bois?
R. Boiada.
P. Como se chama uma história engraçada?
R. Piada.
P. Como se chama um conjunto de ossos?
R. Ossada.
P. Como chamamos a bebida feita da parte branca do ovo?
R. Gemada. (*sic!*)[2]

As crianças adoram essas armadilhas para o automatismo.

O poodle sacrílego

Outra maneira como nos tornamos autômatos é formando uma ideia quando encontramos algo pela primeira vez e nos apegando a essa concepção ao reencontrarmos a mesma coisa. Como essas ideias se formam antes de refletirmos o suficiente, nós as chamamos de *comprometimentos cognitivos precoces*. Quando aceitamos uma impressão ou uma informação sem explicações, sem razão para pensar criticamente sobre ela, talvez porque pareça irrelevante, essa impressão se instala sem ser notada em nossa mente até que um sinal semelhante do mundo exterior – como uma imagem, um cheiro ou um som – a invoque de novo. Na próxima vez, ela pode não mais parecer irrelevante, mas a maior parte de nós não reconsidera o que aceitamos de maneira automatizada antes. Essas percepções, em especial as concebidas na infância, são precoces porque não temos como saber de antemão os possíveis usos que uma determinada informação pode vir a ter. Esse indivíduo automatizado está *comprometido* com um uso predeterminado da informação, e outros usos ou aplicações possíveis não são explorados.

Molhe a boca com saliva – a parte de trás dos dentes, a ponta da língua e assim por diante. Deve ser uma sensação agradável. Agora cuspa um pouco de saliva em um copo limpo. Depois, tome um pequeno gole desse líquido. Nojento, não é? Por quê? Por diversas razões, aprendemos anos atrás que cuspir é nojento. Mesmo quando não existe uma razão sensata para o corpo sentir repulsa, a velha mentalidade prevalece.

Uma versão extrema desses padrões de ideias enraizados me foi dada por uma amiga que cresceu em uma cidade pequena, mineradora de carvão e aço, predominantemente polonesa e católica. Sendo um dos poucos membros não católicos da comunidade, ela conseguiu, aliás, de modo mais ou menos forçado, ficar de fora e observar as peculiaridades ordinárias do grupo mais amplo. O padre era uma figura familiar na cidade, em geral acompanhado por seu esplêndido poodle cinza. Esse cachorro grande era bem treinado e muitas vezes podia ser visto carregando um jornal ou o guarda-chuva do padre. Num certo domingo, o bom padre estava andando, aproveitando o cenário, a caminho de casa depois da missa. O cão estava a seu lado, também feliz e sereno, levando o missal do padre na boca, da mesma forma como levava o jornal nos outros dias da semana. O cachorro, uma criatura doce, não danificou o livro de orações. Mas as freiras que viram o padre e seu animal de estimação o criticaram duramente. Aos olhos delas, a boca de um cachorro era suja, e o missal estava sendo profanado. Apesar da devoção e da boa reputação do padre, e da delicadeza do poodle, tudo o que as freiras conseguiam ver era Deus na boca de um cachorro.

Benzion Chanowitz e eu descobrimos uma forma de testar os efeitos do comprometimento cognitivo precoce.[3] Para esse experimento, criamos uma "doença", um distúrbio de percepção que chamamos de *chromosynthosis*. A chromosynthosis foi descrita como um problema de audição em que os indivíduos afetados tinham dificuldade de distinguir alguns sons. Dissemos aos participantes da nossa pesquisa que eles seriam testados para determinar se tinham esse distúrbio. Eles receberam folhetos que descreviam os sintomas da chromosynthosis. O distúrbio, diziam esses folhetos, era como o daltonismo, no sentido de que era possível tê-lo sem saber. O objetivo do estudo era descobrir se, ao tomarem conhecimento dessa doença imaginária de modo automatizado, a impressão que as pessoas formariam afetaria seu desempenho em uma dada tarefa.

Não demos a todos os participantes os mesmos folhetos. Alguns diziam que 80% da população sofria do distúrbio – a implicação era que eles tinham uma boa chance de tê-la. Para eles, era provável que a informação do livreto parecesse relevante. Pedimos para pensarem em como podiam se ajudar, caso descobrissem que sofriam de chromosynthosis. Para outro grupo, os folhetos diziam que apenas 10% da população tinha a doença, e a implicação era que era improvável que eles a tivessem. Não pedimos a esse grupo para refletir sobre como lidar com o problema, e parecia não haver nenhuma razão forte para que eles gastassem um tempo pensando nisso.[4]

Em seguida, solicitamos a todos os participantes para ouvir duas gravações de sessenta segundos de uma conversa natural e anotar o número de sons de "a" que ouviam. Depois de marcar o resultado da própria performance, todos os participantes descobriram que tinham chromosynthosis. Então demos a eles testes complementares que exigiam habilidades específicas que os folhetos diziam faltar às pessoas com esse distúrbio.

Percebemos que os participantes que receberam a informação sobre uma doença que parecia irrelevante para eles se tornaram mais vulneráveis aos sintomas. Quando descobriram que sofriam do distúrbio, tiveram um desempenho ruim. Nos testes complementares, essas pessoas atingiram metade da performance em comparação com os participantes que supuseram o tempo todo que pudessem ter a doença e, assim, tiveram motivo para pensar em como compensar isso. Esses resultados confirmaram nossa hipótese: a maneira como recebemos uma informação pela primeira vez (isto é, de modo plenamente atento ou automatizado) determina como vamos usá-la depois. Nos próximos capítulos, exploraremos esse tipo de comprometimento cognitivo precoce em sua relação com o envelhecimento e problemas como o alcoolismo.

O automatismo e o inconsciente

Certos tipos de atos automatizados, como atos falhos, são atribuídos ao "inconsciente". Como o penetrante automatismo de que estamos falando aqui tem outras origens, é importante fazer uma breve digressão e considerar algumas diferenças. Processos do inconsciente, como definidos por Freud (ou, séculos antes, por Platão e filósofos budistas e hindus), são considerados tanto dinâmicos quanto inacessíveis. São dinâmicos na medida em que afetam continuamente nossa vida; no entanto, sem extremo esforço, como é necessário na psicanálise ou em várias disciplinas espirituais, não conseguimos reconhecer nem mudar sua influência.

Não é, de modo algum, impossível ao produto da atividade inconsciente penetrar na consciência, mas para essa tarefa é necessária uma certa quantidade de esforço. Quando tentamos realizá-la em nós próprios, damo-nos conta de uma sensação distinta de *repulsão*, que tem de ser dominada, e, quando a produzimos num paciente, obtemos os mais indiscutíveis sinais do que chamamos de sua *resistência* a ela. Assim, aprendemos que a ideia inconsciente acha-se excluída da consciência por forças vivas que se opõem à sua recepção, embora não objetem a outras ideias, as (pré)conscientes.[5]

Como Freud aponta, para os pensamentos inconscientes existe o *não-saber motivado*. Esses pensamentos e desejos inaceitáveis podem aparecer em sonhos, nos dando uma pista de que existe uma influência do inconsciente na nossa vida, mas, de outra forma, não estão disponíveis para nós. "Em todos nós", escreveu Platão, "mesmo nos homens bons, existe uma natureza bestial, selvagem, anárquica, que espreita durante o sono." O "raciocínio" e a "vergonha" ficam suspensos, e a "fera dentro de nós... avança para satisfazer seus desejos".[6]

O automatismo não é um conceito tão dramático. Nossos motivos não estão envolvidos. Quando aprendemos alguma coisa de modo automatizado, não nos ocorre pensar nisso depois, independentemente de esses pensamentos serem aceitáveis para nós. Assim, apesar de as ideias no inconsciente não estarem disponíveis a princípio, ideias automáticas um dia estiveram potencialmente acessíveis para serem processadas com atenção plena.

Não é preciso elaborar um conflito pessoal profundamente arraigado para tornar conscientes esses pensamentos que foram processados de modo automatizado. No entanto, tais pensamento não vão, por conta própria, ocorrer à pessoa para serem reconsiderados. Dessa forma, eles também estão inacessíveis. Mas se nos for oferecido um novo uso para uma porta ou uma nova visão da velhice, podemos apagar as antigas mentalidades sem dificuldade.

Crença em recursos limitados

Uma das principais razões para nos tornamos prisioneiros de categorias absolutas que criamos (ou nos são dadas), em vez de aceitar o mundo como dinâmico e contínuo, é porque acreditamos que os recursos são limitados. Se existem categorias claras e estáveis, então podemos criar regras para distribuir esses recursos. Se os recursos não forem tão limitados, ou se esses limites forem muito exagerados, as categorias não precisam ser tão rígidas.

Vagas nas universidades, por exemplo, são vistas como limitadas. Se agirmos como se a inteligência fosse uma qualidade única e fixa, então poderíamos decidir categoricamente quem deveria fazer faculdade com base no intelecto. Assim que nos damos conta de que a inteligência, como tudo o mais, é muitas coisas ao mesmo tempo, cada qual aumentando ou diminuindo dependendo do contexto, não podemos usá-la para decidir categoricamente quem deveria ou não ir para a faculdade. É possível até confundir mais as coisas e argumentar que, se as vagas são limitadas, talvez os ditos menos inteligentes deveriam ir para a faculdade porque precisam mais da formação. Esse raciocínio com certeza levaria aqueles que são recusados pelo departamento de admissão das universidades a reconhecer que, assim como no ensino fundamental, não existe razão intrínseca para que o ensino superior tenha disponibilidade limitada. Vamos considerar um exemplo diferente: um casal com um filho está se divorciando. Quem "fica" com a criança? Essa pode ser a pergunta errada. O que de fato está em jogo? É a presença física que o pai ou a mãe quer, ou é uma determinada relação com a criança? É o corpo da criança ou seu amor incondicional que eles buscam? Ou é uma maneira de um se vingar do outro por qualquer mágoa causada durante o casamento? Uma consideração plenamente atenta do que na verdade está sendo pleiteado pode revelar que existe uma quantidade suficiente do tal recurso limitado à disposição. O amor de uma criança é uma *commodity* de soma zero. Duas pessoas podem amar e ser amadas por uma criança. Sentimentos não são um recurso limitado, no entanto, muitas vezes não reconhecemos isso porque nos concentramos nos elementos dos sentimentos que de fato parecem finitos.

Enquanto as pessoas se apegarem a uma crença restri- ta em recursos limitados, aqueles que têm a sorte de vencer pelas regras arbitrárias (porém rígidas) que estão definidas, como processos seletivos, têm participação na manutenção do *status quo*. Aqueles que não estão obtendo o que querem, no entanto, precisam parar e considerar que podem fazer parte da construção bastante onerosa de realidade de outra pessoa.

Em discussões sobre recursos limitados, alguém sempre vai trazer o dinheiro à tona. O dinheiro, na experiência da maioria das pessoas, é limitado. Mas, mesmo aqui, o dinheiro é uma questão? Por que o rico é melhor? Pessoas ricas têm poder, respeito, tempo de lazer, lugares aonde ir para se divertir. Podem comprar carros mais rápidos e comidas mais sofisticadas. E assim por diante. Depois que certas necessidades humanas são atendidas, o que está sendo buscado não é um estado de espírito?

Se examinarmos o que está por trás dos nossos desejos, em geral podemos conseguir o que queremos sem concessões: amor, cuidado, confiança, respeito, entusiasmo. A concessão só é necessária se o que queremos está em falta. Se as coisas valiosas na vida não fossem vistas como limitadas, talvez não nos apegássemos com tanta firmeza às nossas categorias rígidas e tivéssemos mais chance de afrouxar essas classificações quando nos déssemos conta de que elas são nossa própria criação nos aprisionando de maneira automática.

Os recursos naturais com certeza parecem limitados. Por exemplo, vamos considerar o carvão, que parece ser um recurso condenado por causa do propósito que cumpre de produzir calor. Enquanto a quantidade de carvão disponível pode ser limitada, há diversas outras maneiras de produzir calor. Esses recursos podem, no fim das contas, ser limitados, mas com certeza menos que a maioria das pessoas acredita.

Quando pensamos nos recursos como sendo limitados, muitas vezes pensamos nas nossas próprias habilidades. Aqui também nossa ideia de limite pode nos inibir. Podemos nos forçar até onde acreditamos ser nossos limites na natação, na oratória ou na matemática. No entanto, não está definido se eles são limites verdadeiros.[7]

Pode ser do nosso interesse agir como se essas e outras habilidades pudessem ser melhoradas, assim, pelo menos, não seremos detidos por limites falsos. Um dia se supôs que os humanos não podiam correr 1,6 quilômetro em menos de cinco minutos. Em 1922, foi dito que era "humanamente impossível" correr 1,6 quilômetro em menos de quatro minutos. Em 1952, esse limite foi rompido por Roger Bannister. Toda vez que um recorde é quebrado, o suposto limite é ampliado. No entanto, a ideia de limite persiste.

Um exemplo curioso de supostos limites sendo transcendidos é conhecido como Efeito Coolidge. Observadores de ratos, hamsters, gatos, ovelhas e outros animais há muito tempo notaram que, quando o apetite sexual de um macho é satisfeito e o acasalamento terminou, o animal precisa de um período de descanso. Se uma nova fêmea da espécie se aproxima, entretanto, ele imediatamente encontra a energia para retomar a cópula.[8]

Monitores de acampamento sabem tudo sobre a natureza subjetiva dos limites. Todo verão, um amigo meu que é monitor em New Hampshire leva seis garotos de 12 anos para escalar um pequeno pico chamado Monte Chocorua. Depois de tantos anos, ele conhece a montanha e sabe exatamente quanta energia vai ser gasta. Quando um campista sem fôlego pergunta: "Quanto falta?", ele responde que não tem certeza. A parte final da subida é um espinhaço de onde é possível ver o cume, apenas rochas nuas e recortadas contra o céu. Foi lá que o chefe indígena Chocorua foi perseguido por homens brancos armados que queriam as terras de seu povo.

Quando chegam a esse espinhaço, os campistas suados muitas vezes se jogam no chão e largam as pesadas mochilas. Nesse exato momento, o monitor chama a atenção dos garotos com a história do Chefe Chocorua. Ele também explica o desafio da última parte da caminhada. Ao ouvir isso, os campistas veem o resto da escalada como uma nova tarefa. Quando chegam ao cume rochoso do Monte Chocorua e sentem o vento vindo da Cordilheira Presidencial das Montanhas Brancas ao norte, eles estão sempre exultantes – e nada cansados. A fadiga também pode ser um comprometimento cognitivo precoce.

Entropia e o tempo linear como mentalidades limitadoras

Associado a uma crença em recursos limitados está o conceito de *entropia*, a dissolução gradual ou a ruptura de uma entidade ou de padrões de organização em um sistema fechado. A entropia é uma ideia que, à primeira vista, permite que as pessoas sintam controle: existem mais oportunidades de envolvimento em um sistema que se desgasta com o tempo – em que as coisas pioram sucessivamente – do que em um no qual as coisas continuam iguais ou melhoram cada vez mais por conta própria. A noção de entropia faz surgir uma imagem do universo como uma grande máquina que está parando de funcionar. Essa imagem, que muitos de nós aceitamos sem nunca de fato pensar no assunto, também pode ser uma mentalidade lamentável e desnecessária que restringe nossa sensação do que é possível.

Uma visão alternativa do mundo, por exemplo, que reconheça quanto da nossa realidade é socialmente construída, pode na verdade oferecer mais controle pessoal.

Uma crença em limites fixos não é compatível com as imagens de muitos físicos. James Jeans e *sir* Arthur Eddington, por exemplo, acreditavam que a melhor maneira de descrever o universo é como uma excelente ideia. Ele está lá para ser usado. Assim que qualquer sistema parece quase completo, algo novo, imprevisto, vai ser descoberto.

Uma noção relacionada que também pode nos limitar desnecessariamente é a visão linear do tempo. Se considerarmos como as noções de tempo mudaram em diferentes culturas e ao longo da história, pode ser mais fácil questionar essa visão restritiva.

Em algumas culturas, o tempo é tratado como um presente universal. Nas Ilhas Trobriand, na costa de Papua Nova Guiné, as pessoas não pensam no passado como uma fase anterior ao presente. Os índios Hopis, como os trobriandeses, não seguem o nosso conceito linear de tempo, ainda que tenham muitos conceitos (tornar-se, imaginário *versus* real) que cumprem funções semelhantes. John Edward Orme especula que, nos tempos primitivos, as pessoas consideravam o tempo como sendo um fenômeno do tipo "tudo de uma vez".[9] Os polinésios são cuidadosos ao negar a novidade de qualquer aventura. Em vez disso, eles acreditam que estão apenas repetindo a viagem de um explorador mítico.

Outra visão do tempo é a que o considera cíclico. Pitágoras acreditava que cada detalhe do tempo seria repetido em algum momento. O conceito de reencarnação, defendido por muitas religiões no Extremo Oriente, implica uma perspectiva cíclica. Nietzsche também argumentou que o universo é cíclico, que os eventos podem se repetir. Desse ponto de vista, a precognição não é tanto um vislumbre do futuro, mas ver o que aconteceu no passado em outro ciclo. Em um modelo cíclico de tempo, o futuro e o passado são indistinguíveis.

Mesmo em um modelo de tempo unidimensional, o movimento pode não ser exclusivamente unidirecional. O futuro pode ser tão capaz de "causar" o presente quanto o passado. O que devo estudar agora para a prova que vou fazer depois? Santo Agostinho disse: "O presente, portanto, tem diversas dimensões [...] o presente das coisas passadas, o presente das coisas presentes e o presente das coisas futuras".

Kant concebia o tempo como um meio de organizar a percepção – não como algo "dado" pelo mundo nem como algo "projetado" nele. A partir desse conceito, ele desenvolveu a "sintética *a priori*" na matemática: verdade que podemos saber sobre o mundo sem olhar para o mundo.

Mudar a mentalidade de alguém sobre o tempo pode ser mais do que um exercício intelectual. Por exemplo, no Capítulo 10, que trata da atenção plena e da saúde, questionamos a crença de que a cura sempre leva uma quantidade fixa de tempo. Visões alternativas do tempo fazem esses questionamentos parecerem mais plausíveis. Na verdade, a certeza a respeito do significado do tempo parece absurda. De acordo com um físico de renome, Ernst

Mach: "Está totalmente além do nosso poder medir as coisas no tempo. Ao contrário, o tempo é uma abstração, à qual chegamos por meio da mudança das coisas".[10]

Educação para resultados

Uma explicação muito diferente, mas não incompatível, de por que nos tornamos automatizados tem a ver com a nossa formação inicial. Do jardim de infância em diante, o foco da escolarização em geral está nos objetivos, não no processo pelo qual eles são alcançados. A busca obstinada por um ou outro resultado, de amarrar os cadarços até entrar na Universidade Harvard, dificulta que se tenha uma atitude plenamente atenta sobre a vida.

Quando as crianças começam uma nova atividade orientadas para o resultado, é provável que perguntas como "Eu posso?" ou "E se eu não conseguir?" predominem, criando uma preocupação ansiosa com o sucesso ou o fracasso, em vez de extrair o desejo natural e exuberante de explorar. No lugar de aproveitar a cor do giz de cera, os desenhos no papel e uma série de formas possíveis pelo caminho, a criança se empenha em escrever uma letra A "correta".

No decorrer da vida, uma orientação ao resultado em situações sociais pode induzir ao automatismo. Se achamos que sabemos como lidar com uma situação, não sentimos a necessidade de prestar atenção. Se reagirmos à situação como algo muito familiar (um resultado, por exemplo, da superaprendizagem), notamos apenas indicadores mínimos necessários para levar a cabo o cenário adequado. Se, por outro lado, a situação é estranha, podemos ficar tão preocupados com o fracasso ("E se eu fizer papel de bobo?") que perdemos nuances do nosso próprio comportamento e também do alheio. Nesse sentido, somos autômatos a respeito da situação imediata, ainda que possamos estar pensando de modo bastante ativo sobre questões relacionadas ao resultado.

Em contraste, uma orientação voltada para o processo, que vamos explorar quando nos debruçarmos sobre a criatividade no Capítulo 7, questiona "Como eu faço isso?" em vez de "Posso fazer isso?" e, assim, direciona nossa atenção para definir os passos necessários do caminho. Essa orientação pode ser caracterizada em termos do princípio norteador de que *não existem fracassos, apenas soluções ineficientes*.

Nas aulas de programação de computadores para crianças, uma atividade importante é a "correção de erros" – encontrar novas soluções em vez de se prender a algo específico que não funcionou. Objetivos provisórios estão sujeitos a revisão contínua. A pessoa orientada ao processo tem menos propensão a ser pega de surpresa se as circunstâncias mudam.

O estilo de educação que se concentra em resultados em geral também apresenta fatos incondicionalmente. Essa abordagem encoraja o automatismo. Se algo é apresentado como uma verdade aceita, maneiras alternativas de pensar nem são levadas em consideração. Uma forma tão inflexível de ver o mundo pode ser generalizada para quase tudo o que fazemos. Ao ensinar fatos absolutos, transmitimos nossa cultura de uma geração para a próxima. Isso traz estabilidade. Mas, como vamos ver, o custo pode ser alto.

O poder do contexto

A maneira como nos comportamos em determinada situação tem muito a ver com o contexto. Sussurramos em hospitais e ficamos ansiosos em delegacias de polícia, tristes em cemitérios, dóceis em escolas e animados em festas. Os contextos controlam nosso comportamento, e nossa mentalidade determina como interpretamos cada contexto.

Muitos dos contextos que nos afetam mais profundamente são aprendidos na infância. Por exemplo, nossa exposição inicial ao mundo pode de fato formatar o que vemos mais tarde. Um estudo polêmico com euro-canadenses inseridos em cenários urbanos em que edifícios os cercavam com ângulos retos e com índios Cree colocados perto de tendas e cabanas de muitas formas e ângulos sugeriu que os efeitos do contexto visual inicial podem ser duradouros. Na vida adulta, ângulos retos podem ser vistos melhor do que outras direções por euro-canadenses. Ao mesmo tempo, eles pareciam ter menos acuidade visual para ângulos oblíquos do que os Cree. Desde o começo, os índios Cree têm uma paisagem mental diferente que permite que absorvam uma variedade maior de sinais visuais.[11]

Um exemplo clássico do poder do contexto é a história do patinho feio. Quando saiu do ovo, o patinho feio fez seu primeiro comprometimento cognitivo precoce: ele olhou para o pato grande mais próximo e "decidiu" que era sua mãe. E quando seus irmãos e os demais o atormentaram, ele fez um segundo comprometimento cognitivo precoce – de que era diferente e, pior, de que era feio. Então se sentiu envergonhado e solitário.

Quando fugiu do *bullying* e da provocação, o patinho feio viveu uma série de aventuras. Em um dado momento, em um pântano frio, um cão de caça apareceu, só para saltar sobre ele. Pela primeira vez, o patinho ficou feliz com a própria aparência: "Sou tão feio que nem um cachorro quer me comer". Todos conhecemos o resto da história. Em um novo contexto – o mundo dos cisnes –, o patinho feio sentiu orgulho e se sentiu belo. Suas antigas mentalidades se desfizeram quando ele se viu ao lado de outros pescoços longos e asas amplas.

Ao falarmos sobre contexto, muitas vezes cometemos o erro de acreditar que de alguma forma ele está "lá fora". Se "tiramos as palavras de contexto", achamos que ele continua na página. Mas ele não existe sem nós. Nós percebemos uma relação entre uma frase e a próxima, assim como o jovem cisne percebeu uma relação entre si mesmo e a mãe pata. Um contexto é um comprometimento cognitivo precoce, uma mentalidade.

O contexto depende de quem somos hoje, quem fomos ontem e a partir de que perspectiva vemos as coisas. Às vezes há um conflito. O que você acharia de um espetáculo chamado "Las Vegas Night" realizado por freiras para a igreja. Se alguém começasse a gritar em um hospital porque sua mãe está sendo maltratada, os outros olhariam para ele alarmados porque gritar não faz parte das regras do local. Ainda que existam ocasiões em um hospital em que pode muito bem ser apropriado bater o pé e gritar, não pensamos em fazer isso por causa do contexto.

O professor Higgins da Universidade Shaw demonstrou que nossas percepções de beleza mudam dramaticamente com o contexto. No começo de *Pigmaleão*, Eliza Doolittle é uma garota maltrapilha que falava o dialeto *cockney* vendendo flores nas ruas de Londres. O professor Higgins entra na vida dela e decide mudá-la. Ciente de que o contexto é tudo, ele começa a trabalhar com Eliza e altera sua voz, sua dicção, suas roupas e seus hábitos. Ele a coloca em um novo ambiente, assim como um joalheiro reconfigura uma pedra preciosa. Eliza se torna um grande sucesso em Londres, considerada uma beleza e uma princesa. O interesse da trama é potencializado porque a mudança dramática de contexto altera de forma também dramática a autoestima de Eliza, aliás, poderíamos dizer que altera a "própria Eliza".

A importância do contexto nas nossas percepções foi ilustrada vivamente em um experimento conduzido pelos psicólogos David Holmes e B. Kent Houston.[12] Com a permissão dos participantes, eles administraram leves choques elétricos em um grupo, metade do qual recebeu a instrução de pensar nos choques como novas "sensações psicológicas". Aqueles que pensaram no choque dessa maneira ficaram menos ansiosos e tiveram batimentos mais baixos do que aqueles que não receberam instruções prévias.

A mesma situação ou o mesmo estímulo com um nome diferente é também um estímulo diferente. Montanhas-russas são divertidas, mas viagens de avião turbulentas não. Imagine a cena a seguir: uma mulher andando por uma estrada no campo de repente é cercada por abelhas. Como aconteceria com a maior parte de nós, ela fica com medo; sua pressão sanguínea aumenta, seu coração dispara. Ela pode ficar paralisada ou correr de medo. Por outro lado, imagine a mesma mulher andando pela mesma estrada com uma criança pequena a seu lado. Ver as abelhas agora sinaliza um comportamento muito diferente. Nesse contexto, ela corajosamente protege a criança em vez de ficar com medo. As mesmas abelhas se tornaram um estímulo diferente.

O contexto pode determinar o valor. Um funcionário do correio, como uma matéria no jornal *Boston Globe* nos fez acreditar, criou uma aceitação pública da desprestigiada moeda de um dólar de Susan B. Anthony* simplesmente ao anunciar um "limite de duas por cliente".[13] Para os comerciantes, é uma história antiga.

O contexto pode influenciar mesmo quando estamos tentando fazer os julgamentos mais precisos e específicos. Em um estudo de Donald Brown, foi pedido que os participantes levantassem vários pesos e os julgassem como leve, médio,

---

* Susan B. Anthony foi uma americana que lutou pelo direito das mulheres ao voto. Em 1979, foi homenageada com seu rosto em moedas de dólar. [N. E.]

pesado ou muito pesado.[14] Em alguns casos, Brown apresentou uma âncora (outro peso). A hipótese foi de que o peso poderia receber diferente classificação de acordo com a variação de peso da âncora em relação ao peso analisado. E foi isso que Brown conseguiu comprovar. A introdução de uma âncora pesada fez o mesmo peso parecer mais leve do que antes de a âncora ser apresentada.

Brown acrescentou uma variação interessante. Foi pedido a alguns participantes para ajudar o condutor do experimento levantando e movendo a bandeja sobre a qual os pesos estavam. Se os pesos foram influenciados por outros objetos, os participantes também seriam influenciados pelo peso da bandeja? Ainda que a bandeja não fosse vista como parte da tarefa, seria possível pensar que ela existia em uma forma absoluta independente da psicologia de quem estava julgando. Seria de se esperar que seu peso influenciaria o participante, apesar de não fazer parte oficialmente do experimento. No entanto, se o contexto, em vez da dita realidade física determina nossas experiências de estímulo, então a bandeja não deveria ser uma influência.

Os resultados desse engenhoso experimento demonstraram que o julgamento do peso *não* foi influenciado pelo peso da bandeja. Foi como se os participantes adentrassem o contexto do experimento, fossem influenciados pelos vários pesos e então se retirassem desse contexto para remover a bandeja. Então se colocaram de volta na situação de julgar os pesos. De certa forma, para eles, a bandeja não tinha peso.

Há tempos se sabe que os valores criam um contexto que influencia percepções sensoriais. Em 1948, Leo

Postman, Jerome Bruner e Eliot McGinnies usaram uma máquina chamada taquistoscópio para mostrar palavras rapidamente numa tela.[15] Essas palavras foram associadas a diversos valores. Por exemplo, os participantes viram vários termos políticos como *governo*, *cidadão* e *política*; religiosos, como *oração*, *sagrado* e *devoção*; estéticos, como *poesia*, *artista* e *beleza*. De modo geral, as palavras representavam seis valores diferentes medidos pelo Estudo de Valores de Allport-Vernon.[16] Todas elas foram mostradas aos participantes em ordem aleatória. Apesar de as palavras escolhidas serem igualmente familiares, a velocidade com que os participantes as reconheceram variou em consequência de seus valores, como medido pelo mesmo Estudo de Valores de Allport-Vernon que lhes foi dado antes. Quanto mais alta a pontuação do participante em um determinado valor, mais rápido ele reconheceu a palavra. Participantes inclinados à política, por exemplo, reconheceram termos políticos mais rápido que os de inclinação artística. O contexto criado pelos valores dos participantes pareceu afetar sua habilidade visual.

Esse poder do contexto sobre nossas reações e interpretações também nos torna suscetíveis ao que podemos chamar de *confusão de contexto*. As pessoas confundem o contexto controlando o comportamento de outra com o contexto que determina seu próprio comportamento. A maioria das pessoas tipicamente presume que as motivações e intenções dos outros são as mesmas que as suas, ainda que o mesmo comportamento possa ter significados muito diferentes. Se estou correndo e vejo uma mulher andando rápido, presumo que ela está tentando se exercitar e correria se pudesse. No entanto, ela pode ter de fato escolhido caminhar, algo de que gosta. Caminhar e correr são mutuamente excludentes, assim como acontece com comportamento confundido pelo contexto: *para ter sucesso em um, você necessariamente não está tendo sucesso com o outro*. No entanto, se a sociedade valoriza a corrida, com o tempo essa mulher pode passar a se ver como "não correndo", em vez de escolhendo andar. Esquecendo o prazer que sentia caminhando, ela pode passar a se ver como uma corredora incompetente.

Essa confusão de contexto muitas vezes acontece quando se observa o comportamento de grupos ao qual "não se pertence". Em seu detrimento, eles tendem a ser avaliados por critérios que são irrelevantes para as intenções ou os objetivos iniciais. Eles podem não saber por que se envolveram em uma determinada ação e, assim, serem convencidos pelo grupo maior e mais poderoso de que estão sendo incompetentes. O grupo "que pertence" redefiniu inadvertidamente o contexto do comportamento dos membros do grupo "que não pertence". Vamos examinar melhor isso no Capítulo 9 quando tratarmos de preconceito.

As várias causas do automatismo que acabamos de discutir – repetição, comprometimento cognitivo precoce, crença em recursos limitados, a ideia de tempo linear, educação voltada para resultados e a poderosa influência do contexto – influenciam cada dia de nossa vida. Antes de discutirmos como contrapô-las com uma atitude plenamente atenta, vamos dar uma olhada no que perdemos quando agimos como autômatos.

4

O custo do automatismo

Três mulheres mais velhas estavam sentadas em um banco de parque. Uma grunhiu. A amiga, sentada a seu lado, deu um suspiro. A terceira olhou para ambas e disse: "Achei que não fôssemos falar das crianças".

Os sulcos do automatismo são profundos. Sabemos nossos roteiros de cor. Na nossa rotina, não notamos o que estamos fazendo a menos que haja um problema. Ficar trancados para fora do carro ou jogar as meias no lixo, em vez de no cesto de roupa suja, nos faz acordar. William James conta uma história de começar a se preparar para um jantar, tirar a roupa, tomar banho e então se deitar na cama. Duas rotinas que começam da mesma forma se confundiram, e, de forma automática, ele seguiu a mais familiar.

Uma amiga me contou uma bela história sobre automatismo envolvendo três gerações. Um dia, uma mulher estava prestes a preparar um assado. Antes de colocá-lo na assadeira, ela cortou uma pequena fatia. Quando perguntaram por que tinha feito aquilo, a mulher fez uma pausa, ficou um pouco constrangida e disse que era porque sua mãe sempre fazia isso quando preparava um assado. Sua curiosidade foi despertada, e ela ligou para a mãe a fim de perguntar o porquê de ela sempre cortar uma pequena fatia. A resposta da mãe foi a mesma: "Porque era o que minha mãe fazia". Por fim, como precisava de uma resposta mais útil, a mulher perguntou à avó por que ela sempre cortava uma pequena fatia antes de preparar o assado. Sem hesitar, a avó respondeu: "Porque é a única maneira de fazê-lo caber na minha assadeira".

As consequências do automatismo vão do trivial ao catastrófico. No pior extremo, está um jovem que foi a uma festa em uma grande propriedade num bosque em New Hampshire. Mais tarde, naquela noite, ele foi para o jardim com uma garota. Pela escuridão, o rapaz viu uma grande piscina. Num momento de animação, ele tirou quase toda a roupa, deu um grito de Tarzan, bateu no próprio peito e mergulhou do trampolim – no concreto sólido. O jovem quebrou o pescoço.

Entre a trivialidade e a tragédia há uma vasta gama de efeitos menos óbvios, mesmo assim sérios, do automatismo. Eles incluem autoimagem limitada, crueldade não intencional, perda de controle e potencial atrofiado.

Uma autoimagem limitada

Uma autoimagem inflexível deixa tanto indivíduos quanto corporações perigosamente vulneráveis. Talvez uma dona de casa, por exemplo, se defina de modo restrito em tudo o que faz. Quando conhece pessoas, ela talvez se apresente como "esposa de fulano". A dona de casa se vê administrando a "casa dele", comprando roupas "de que ele gosta" e cozinhando para ele. Ainda que a mulher possa estar feliz nesse papel, o que aconteceria se o marido decidisse fazer as malas e ir embora? Ela conseguiria funcionar quando as regras mudassem? Qualquer "dona de casa" desempenha muitos outros papéis: filha, irmã, amiga, carpinteira, pintora amadora e assim por diante. Ao se conscientizar dessas distinções com atenção plena, ela ficaria menos vulnerável à perda. Se expandisse sua definição de si mesma em termos de todos esses papéis, ou de algum subconjunto deles, e algo acontecesse com o marido, ela ainda teria uma ótima vida.

Os custos de uma autoimagem inflexível são igualmente severos para uma corporação. A administração pode definir um negócio como algo que atende determinados mercados e ficar presa em suas próprias categorias. Em um artigo clássico escrito para a *Harvard Business Review*, em 1975, e intitulado "Marketing Myopia" [Miopia do marketing], Theodore Levitt escreveu:

> As ferrovias não pararam de crescer porque a necessidade por passageiros e transporte de carga diminuiu. Isso aumentou. As ferrovias não estão com problemas hoje em dia porque a necessidade foi atendida por outros (carros, caminhões, aviões, até telefones), mas porque ela *não* foi atendida pelas próprias ferrovias. Elas deixaram que

outros levassem seus clientes porque *acreditavam que estavam no negócio das ferrovias em vez de no negócio dos transportes.* [itálicos da edição][1]

A vantagem de uma autoimagem ou imagem corporativa multifacetada e em evolução será tratada nos capítulos a seguir.

A tendência de colocar o foco no resultado, a qual discutimos no capítulo anterior, também restringe nossa autoimagem. Quando invejamos os bens, as conquistas ou as características de outras pessoas, muitas vezes é porque estamos fazendo uma *comparação falha*. Podemos estar olhando para os *resultados* de seus esforços, e não para o *processo* pelo qual elas passaram. Por exemplo, imagine que, em uma conversa com uma professora na universidade, ela usa uma palavra que você não entende. Você pode se sentir intimidado e burro. Agora imagine que a mesma professora está sentada em sua mesa de trabalho com um dicionário aberto. Você provavelmente concluiria que ela conhecia aquele termo estranho porque passa um tempo pesquisando palavras, procurando-as nos livros que lê ou aprendendo-as de alguma outra forma direta. Você também poderia pesquisar palavras se quisesse. Olhar o processo, os passos que qualquer um daria para se tornar um especialista, nos impede de nos menosprezar.

Uma autoimagem baseada em um desempenho passado também pode nos inibir. Alguém que conseguiu fazer dieta por apenas dois dias a cada tentativa no passado, ou que não conseguiu correr mais que um quilômetro e meio, ou que sempre precisa levar trabalho para casa nos fins de semana, ou que nunca conseguiu descobrir como guardar dinheiro, pode supor que essa é uma parte permanente de seu caráter. A menos que a mentalidade da pessoa mude, a mesma falta de sucesso provavelmente vai suceder a essas tentativas hoje ou amanhã. Como vimos no capítulo anterior, no entanto, muitos dos limites que aceitamos como reais são ilusórios. Em um exercício bastante simples, dois colegas meus e eu instruímos um grupo de participantes a nos oferecer o máximo de soluções que pudessem para uma série de problemas ordinários (por exemplo: não há calefação, mas você quer ficar aquecido; quer uma bebida gelada, mas não tem um abridor de garrafas). Depois que os participantes esgotaram as soluções, pegamos o maior número levantado e pedimos a outro grupo para nos dar o mesmo número de soluções, mais cinco. Ninguém no segundo grupo teve dificuldade de atingir esse objetivo.[2]

Até mesmo as pessoas que alcançaram uma forte sensação de competência podem vê-la erodida por aceitar rótulos de modo automatizado. Antes de se casar, Ann conseguia organizar suas contas; depois de casada, ela deixou que o marido assumisse a tarefa. Agora, divorciada, Ann parece não conseguir mais organizar as contas. Jane é uma advogada confiante, ela tem um bebê e tira uma licença do trabalho. Agora, quer voltar a trabalhar, mas perdeu a confiança.

Essas situações bastante familiares ilustram um fenômeno que chamamos de *dependência autoinduzida*. A ex-aluna de pós-graduação Ann Benevento e eu elaboramos alguns experimentos para ver como isso se desenvolve.[3] Decidimos conduzi-los no aeroporto, supondo que as pessoas que viajam têm mais probabilidade de ser um pouco mais independentes e confiantes. Se elas pudessem desenvolver uma dependência autoinduzida, era provável que acontecesse com outros também. Na primeira fase de um desses experimentos, os participantes recebiam problemas aritméticos que poderiam resolver com facilidade. Na segunda, colocamos os participantes em uma posição que provavelmente os levaria a questionar a própria competência. Demos a alguns o título de "assistente" e a outros, o de "chefe", e pedimos que todos desempenhassem tarefas de modo apropriado a seus papéis. Na terceira fase, todos os participantes voltaram para o mesmo tipo de problema aritmético que tinham concluído com sucesso no início. Aqueles que foram "assistentes" só atingiram metade do desempenho que tinham alcançado originalmente. Ainda que todos tivessem começado a participação com competência equivalente, o rótulo que assumiram prejudicou seu desempenho.

Crueldade não intencional

Os custos do automatismo não são todos pessoais. Uma olhada no famoso estudo sobre obediência à autoridade realizado por Stanley Milgram mostra uma das maneiras como o automatismo pode ferir os demais.[4] Pediu-se que os participantes desse estudo se envolvessem na pesquisa dos efeitos da punição no aprendizado. Toda vez que o "aprendiz" não sabia a resposta para a pergunta, o participante-professor deveria dar um choque elétrico. O aprendiz não recebia de fato nenhum choque, mas os participantes-professores não sabiam disso. Uma gravação mostrava grunhidos convincentes e expressões de desconforto diante dos supostos choques. Foi pedido que os participantes aumentassem a intensidade dos choques cada vez que um erro fosse cometido. A surpreendente descoberta de Milgram foi que 65% dessas pessoas boas e normais, sob a instrução do pesquisador/autoridade, aplicavam uma corrente capaz de matar o aprendiz.

Esse é um relato muito resumido de um experimento complexo e controverso. O importante aqui é a natureza incremental das ações. Se o pesquisador tivesse pedido aos participantes para usar quase a intensidade máxima dos choques desde o início para cada indivíduo, é bem provável que muito menos participantes tivessem obedecido. O que parece acontecer quando damos pequenos passos é que, depois do primeiro, não pensamos em questionar nosso comportamento até que, olhando para trás, percebemos a distância que percorremos sem nos dar conta. Se deixarmos de pagar cinquenta centavos a alguém, qual é o problema se na vez seguinte for um dólar, dois ou cinco? E assim por diante até que algo nos faça perceber que nos comportamos mal. Se cairmos numa rotina, em vez de tomar decisões novas toda vez, podemos ser seduzidos de modo automatizado a participar de atividades com que não nos envolveríamos de outra forma.

O automatismo também nos permite compartimentar pensamentos desconfortáveis. Quando tinham quatro e cinco anos, levei minhas sobrinhas para alimentar os patos em um lago perto da casa delas em Connecticut. De início, as meninas ficaram com medo, mas depois fizeram amizade com essas criaturas interessantes. Naquela noite, a família saiu para jantar. Eu pedi pato. Com uma expressão de terror nos olhos, uma das minhas sobrinhas perguntou: "Tia Ellie, esse é o mesmo...?". Imediatamente mudei meu pedido, sem conseguir evitar a imagem dos patos vivos na cabeça enquanto mastigava um. (Por sorte, não tínhamos visitado uma fazenda antes do jantar.)

Ao fixar "animais de estimação" em uma categoria e "animais da fazenda" em outra, conseguimos comer carne sem mal-estar. Neste livro, vamos ver o quanto perdemos ao manter os pensamentos em categorias impermeáveis.

Em uma série de casas de repouso nos Estados Unidos, algo chamado "terapia de realidade" se tornou popular, mas muitas vezes é mal utilizado. Como parte do programa, um membro da equipe vai até um sistema de alto-falante em períodos regulares e relata alguns dos fatos relevantes do dia: a temperatura externa, o dia da semana, eventos políticos que ocorreram etc. Para testar a compreensão da realidade dos residentes, mais tarde são feitas perguntas como "Qual é a temperatura hoje?" e "Que dia é hoje?". Os que não conseguem responder são considerados confusos.

Mas de quem é essa realidade? Para alguém que passa o dia do lado de dentro, a temperatura lá fora não passa de uma curiosidade. E se todo dia é vivenciado como quase igual, basicamente não importa se hoje é terça-feira ou quinta, dia primeiro ou 31. Ver a "realidade" a partir da perspectiva restrita da equipe pode levar a uma leitura equivocada da saúde ou o grau de consciência e, por consequência, a uma rotulação prejudicial dos residentes. Os custos das definições automatizadas do que é real ou normal tanto para os idosos quanto para os "desvios do padrão" são abordados nos capítulos 6 e 9.

Perda de controle

O automatismo limita nosso controle ao nos impedir de fazer escolhas inteligentes. Os publicitários sabem trabalhar com eficiência com o modo automatizado. Certa vez, eu estava andando no centro de Manhattan quando minha atenção foi atraída por uma grande placa na vitrine de uma loja para turistas que, nos últimos vinte anos, aproximadamente, estava com o aviso "prestes a fechar". A placa anunciava "velas que queimam!". Pensando que velas são bons presentes, eu estava prestes a entrar e aproveitar a novidade que estava sendo oferecida quando me ocorreu que todas as velas queimam.

Mesmo sem os publicitários conspirando para nos deixar automatizados, muitas vezes limitamos nossas próprias escolhas. Uma forma importante como o fazemos é atribuindo todos os nossos problemas a uma única causa. Essas atribuições automáticas limitam muito a gama de soluções que podemos buscar. Ao pesquisar divórcio, a psicóloga Helen Newman e eu descobrimos que pessoas que depositam a culpa do fracasso de seu casamento no ex-cônjuge sofrem por mais tempo do que aquelas que veem muitas explicações possíveis para a situação.[5] Da mesma forma, alcoólatras que veem a causa de seu problema como apenas genético parecem abrir mão do controle que poderia ajudar sua recuperação. Quando uma explicação é restrita, é comum não prestarmos atenção em informações que a contradizem. Isso acontece mesmo se a informação for dada por terapeutas experientes. Em um estudo de comprometimentos cognitivos precoces e alcoolismo, três colegas e eu encontramos evidência disso.[6] Investigamos dois tipos de alcoólatras: os que na juventude conheceram apenas um alcoólatra e os que na juventude conheceram vários, cada um se comportando de modo diferente dos demais. Nós imaginamos que esse segundo grupo pudesse ter uma visão menos limitada das opções. Por exemplo, se uma criança conheceu apenas um alcoólatra que falava alto e era cruel, ela pode crescer supondo, de modo automatizado, que é assim que os viciados em álcool sempre se comportam. Se essa criança mais tarde se torna um alcoólatra, pode não lhe ocorrer que é possível se comportar de outra maneira. No entanto, se a mesma criança conheceu diversos outros viciados com personalidades diferentes, pode estar aberta a uma visão mais flexível de como pode agir e da possibilidade de mudança.

Primeiro, entrevistamos 42 pacientes que frequentavam uma clínica para alcoolismo em um hospital, prestando atenção especial à suas experiências de infância. (Os entrevistadores e terapeutas não sabiam da nossa hipótese.) Depois, comparamos os resultados das entrevistas com as avaliações dos terapeutas sobre o grau de melhora dos pacientes. Aqueles que obtiveram sucesso na terapia quase sempre tinham vindo do grupo de exemplos múltiplos. Os que foram expostos a apenas um modelo de alcoolismo pareceram ter desenvolvido mentalidades tão rígidas que as opções oferecidas pela terapia não pareciam disponíveis a eles.

Nossa tendência de persistir como autômatos, adotando o primeiro modelo apresentado a nós, pode ser demonstrada de maneira muito simples. Em uma série clássica de estudos sobre os efeitos de *Einstellung*, ou configuração mental, os psicólogos Abraham Luchins e Edith Hirsch Luchins descobriram que, depois que os participantes conseguiram resolver uma questão matemática sem pensar, a vasta maioria continuou usando as mesmas soluções mesmo quando algo mais simples ficava disponível.[7]

O problema no experimento consistia em obter diferentes quantidades de água usando três jarros de tamanhos diferentes. Por exemplo, pediu-se que o participante pegasse 100 litros de água usando o Jarro A, que comporta 21 litros, o Jarro B, 127 litros, e o Jarro C, 3 litros. Uma solução é começar com o Jarro B e subtrair o Jarro A, para então subtrair do Jarro C duas vezes (127 − 21− 3 − 3 = 100). A solução também pode ser escrita como o Jarro B − Jarro A − 2 Jarro C. Os participantes receberam uma série de problemas que tinham a mesma solução.

Quando eles provavelmente tinham essa resposta inteligente a postos, foi perguntado como obter 20 litros quando o Jarro A = 23 litros, o Jarro B = 49 e o Jarro C = 3. A fórmula usada para o primeiro problema também funciona aqui (49 − 23 − 3 − 3 = 20). No entanto, existe uma forma mais fácil de resolver o quebra-cabeça: subtrair o Jarro C do Jarro A (23 − 3 = 20). Os pesquisadores descobriram que 81% dos participantes usaram a fórmula mais elaborada, aparentemente indiferentes à alternativa mais simples. É interessante que, quando alguns participantes receberam uma instrução específica na folha de respostas, "Não seja cego" e não aja "tolamente ao resolver os problemas seguintes", 63% deles ainda realizaram a tarefa de forma automática e usaram a solução mais complicada.

Desamparo aprendido

Uma perda de escolha e controle muito mais perigosa é causada pelo fracasso repetido. Depois de uma série de experiências em que nossos esforços se mostram inúteis, muitos de nós desistem. Uma pesquisa bastante conhecida do psicólogo Martin Seligman e outros revela que esse *desamparo aprendido* é generalizado para situações em que uma pessoa pode, de fato, exercitar seu controle.[8] Mesmo quando soluções estão disponíveis, uma sensação automática de insignificância impede uma pessoa de reconsiderar a situação. Ela se mantém passiva diante de situações que de outra forma poderiam ser enfrentadas sem dificuldade desnecessária. Experiências passadas determinam reações do presente e roubam o controle do indivíduo. Se procurarmos aspectos novos das situações em que nos encontramos, é provável que possamos conter o desamparo aprendido. O desamparo aprendido foi demonstrado originalmente em ratos.[9] Quando colocados na água gelada, eles não tiveram dificuldade de nadar por quarenta ou sessenta horas. No entanto, se, em vez de serem colocados imediatamente na água, forem contidos até pararem de se debater, algo muito diferente acontece. Em vez de nadar, eles desistem de imediato e se afogam.

Hospitais de doenças crônicas costumam, sem se dar conta, ensinar um tipo parecido de desamparo. Casos especialmente tristes foram relatados em hospitais psiquiátricos.[10] Em um deles, o paciente vivia no que era conhecido carinhosamente como a "ala irremediável". Por um tempo, reformas no hospital criaram a necessidade de que os residentes dessa ala fossem transferidos temporariamente para outra na qual os pacientes em geral melhoravam e voltavam para sua comunidade. Um paciente da ala irremediável teve um bom desempenho durante esse período. No entanto, quando as reformas foram concluídas, todos voltaram para suas alas. Esse paciente em especial morreu imediatamente depois disso, sem nenhuma causa física aparente. O nome da ala transmitiu a ele a mensagem escrita nos Portões do Inferno de Dante: "Deixai toda a esperança, ó vós que entrais".

Potencial atrofiado

William James declarou que quase todos nós usamos apenas uma pequena fração do nosso potencial.[11] Só em algumas circunstâncias de estresse construtivo ou em certos estados – por exemplo, um grande amor, ardor religioso ou a coragem da batalha – começamos a explorar a profundidade e a riqueza dos nossos recursos criativos ou as enormes reservas de energia vital que possuímos. O automatismo, ao enfraquecer nossa autoimagem, restringir nossas escolhas e nos associar a atitudes limitadoras, tem muito a ver com esse potencial desperdiçado. Como mencionei na Introdução, esse desperdício se tornou especialmente claro para mim por causa da pesquisa que fiz com populações idosas. Quando trabalhei com outras pessoas tentando fazer melhorias para esses indivíduos, os principais obstáculos que precisamos superar, tanto com os próprios idosos quanto com seus cuidadores, foram os comprometimentos cognitivos precoces sobre a velhice que adquirimos na juventude.

Comprometimentos cognitivos precoces são como fotografias em que o significado fica congelado. Quando uma criança ouve falar de pessoas velhas irritadiças e inflexíveis, a foto é processada como tal. A criança tem pouca participação nisso. Mais tarde, ao envelhecer, já crescida, acaba não questionando a imagem criada. A figura original pode se tornar a base de tudo o que ela aprende sobre a velhice. Mesmo quando corrigida, tantas outras coisas foram construídas sobre essa base que é difícil criar uma nova atitude.

Para testar os efeitos dessas primeiras experiências, comparamos participantes idosos que, na juventude, viveram com um avô ou avó antes dos 2 anos com aqueles que viveram com um avô ou avó só depois dos 13 anos.[12] Presumimos que os avós dos participantes da categoria 2 anos provavelmente eram mais jovens, mais fortes e pareciam "maiores" do que aqueles cujos netos tinham 13 anos ou mais. Em caso afirmativo, quanto mais novos os participantes eram durante esses contatos iniciais, mais positivos seriam seus comprometimentos cognitivos precoces em relação à idade. Como resultado, pode-se esperar que eles se ajustem de modo mais positivo ao próprio envelhecimento.

Os participantes desse estudo eram residentes de asilos, clínicas geriátricas e casas de repouso localizados na região metropolitana de Boston. A média etária era 79 anos. Nós os encorajamos a relembrar o passado e os entrevistamos para determinar se tinham vivido com um avô ou avó quando eram crianças e, em caso afirmativo, quantos anos tinham quando o parente foi morar com eles.

Depois, foram avaliados de modo independente por enfermeiros que desconheciam a nossa hipótese. Aqueles cujos primeiros comprometimentos cognitivos precoces sobre o envelhecimento tinham ocorrido quando eram mais novos foram considerados mais alertas. Eles também tenderam a ser vistos como mais ativos e mais independentes.[13]

Pode haver outras explicações possíveis para esses resultados. Mesmo assim, eles sugerem que pode ser uma boa ideia explorar a maneira como aprendemos a envelhecer. Os psicólogos tendem a seguir caminhos que escritores ousaram trilhar. Uma das imagens mais angustiantes já descritas dos custos da existência limitada e atrofiada é a Miss Havisham do romance *Grandes esperanças*, de Charles Dickens. Para ela, desde o momento em que foi abandonada no dia de seu casamento, a mente e o tempo pararam. Nós a vemos pelos olhos do garoto Pip, que não sabe os infortúnios e a mentalidade trágica que a levaram a esse estado:

> Em uma poltrona, o cotovelo apoiado na mesa, e a cabeça debruçada sobre essa mão, estava sentada a dama que eu já tinha visto ou que jamais veria.
> Ela estava vestida com tecidos ricos – cetins, rendas e sedas –, todos brancos. Seus sapatos também eram brancos. E ela usava um longo véu branco que pendia da cabeça; em seus cabelos havia uma grinalda de noiva branca, mas seus cabelos eram brancos. Lindas joias brilhavam em seu pescoço e suas mãos, além de outras que cintilavam sobre a mesa [...]
> Mas vi que tudo ao meu alcance [...] tinha perdido o brilho e estava desbotado e amarelado. Vi que a mulher no vestido de noiva tinha murchado, assim como o vestido e as flores, e que não restava brilho, além do brilho em seus olhos fundos. [...] Eu teria gritado se pudesse.[14]

PARTE DOIS
Mindfulness ou atenção plena

5

A natureza da atenção plena

Nossa vida é o que nossos pensamentos fazem dela.
— Marco Aurélio, *Meditações*

Quando invadiu a Rússia, Napoleão parecia um brilhante e conquistador herói para o mundo, provando mais uma vez sua genialidade militar ao ousar marchar contra um gigante. Mas, por trás das águias e dos estandartes cheios de orgulho, ele trazia uma mentalidade perigosa, uma determinação de se apoderar da Rússia, sem se importar com o custo em vidas humanas. Como Tolstói o descreve em *Guerra e paz*, Napoleão não via utilidade para alternativas; sua determinação era absoluta.

Do lado oposto, estava o gigantesco general russo, Kutuzov, um veterano amadurecido que gostava de vodca e tinha o hábito de pegar no sono em solenidades. Uma disputa desigual, ou era o que parecia.

Conforme o exército de Napoleão avançava, Kutuzov deixou seu exército recuar e depois recuar um pouco mais. Napoleão continuou se aproximando, adentrando mais o país e se afastando de seus suprimentos. Finalmente, como o general russo sabia que aconteceria, um poderoso aliado interveio: o inverno. O exército francês se viu combatendo o frio, o vento, a neve e o gelo. Quando Napoleão por fim atingiu seu grande objetivo final – Moscou –, não havia ninguém para conquistar ali. Todos tinham partido. Os russos tinham ateado fogo à sua cidade sagrada para receber o invasor. Mais uma vez, Kutuzov fez o papel de perdedor aparente.

Ele sabia que uma maçã não deveria ser arrancada enquanto estava verde. Ela cai sozinha quando amadurece, mas, se colhida antes do momento, a maçã apodrece, a árvore é prejudicada, e seus dentes não vão gostar [...]. Ele sabia que a fera estava ferida como apenas o poderio da Rússia a teria ferido. Se a ferida era mortal ou não, ainda era uma questão que não se sabia.[1]

Naquele momento, quando Napoleão não teve escolha além de recuar – da cidade incendiada, do inverno –, o velho e atento general atacou. Ele recorreu à Mãe Rússia, um apelo que Stálin usaria com sucesso similar anos depois. Pediu ao povo que salvasse sua terra, e essa convocação fortaleceu a Rússia inteira. Os franceses tinham tudo contra eles, incluindo os cossacos, que atravessaram as estepes de inverno. A Mãe Rússia prevaleceu, assim como aconteceria quando Hitler repetisse o erro de Napoleão.

No personagem de Kutuzov, podemos encontrar retratadas qualidades-chave de um estado plenamente atento:

(1) criação de novas categorias; (2) abertura a novas informações e (3) consciência de mais de uma perspectiva. Em cada caso, a obsessão cega de Napoleão oferece a clara imagem de um espelho, um retrato do automatismo. Em primeiro lugar, Kutuzov foi flexível: em geral, evacuar uma cidade recairia na categoria de uma derrota, mas para ele isso se tornou uma oportunidade de montar uma armadilha. Em segundo, a estratégia do general russo foi uma resposta à notícia do avanço de Napoleão, enquanto este não parecia estar lidando com as informações sobre os movimentos de Kutuzov. Finalmente, enquanto Napoleão viu seu avanço rápido e sua marcha para Moscou apenas do ponto de vista da conquista do território inimigo, o general russo enxergou que uma "invasão" no contexto do inverno e da distância dos suprimentos podia se transformar em uma derrota amarga para os franceses.

Criar novas categorias

Assim como o automatismo significa depender rigidamente de velhas categorias, a atenção plena significa a criação contínua de novas. Categorizar e recategorizar, rotular e rerrotular enquanto se aprende o mundo são processos naturais para as crianças. São uma parte inevitável e adaptável de sobreviver no mundo.[2] Freud reconheceu a importância da criação e do conhecimento profundo na infância:

> Será que deveríamos procurar já na infância os primeiros traços de atividade imaginativa? A ocupação favorita e mais

intensa da criança é o brinquedo ou os jogos. Acaso não poderíamos dizer que, ao brincar, toda criança se comporta como um escritor criativo, pois cria um mundo próprio, ou melhor, reajusta os elementos de seu mundo de uma nova forma que lhe agrade?[3]

A *recriação* séria da criança pode se tornar a *recreação* divertida do adulto.

Quando adultos, no entanto, nos tornamos relutantes em criar novas categorias. Como vimos antes, nossa orientação para os resultados tende a enfraquecer uma abordagem brincalhona. Se eu pedisse para você fazer uma lista do que fez ontem, o que diria? Pense nisso por um instante, depois reflita sobre o que diria se eu oferecesse dinheiro para cada item da sua resposta. Você listou seu dia em grandes blocos como café da manhã, trabalho, almoço, telefonemas? A maioria das pessoas diria, por exemplo, que "tomou café da manhã", em vez de "mordeu, mastigou e engoliu um pedaço de torrada" e assim por diante, mesmo quando uma recompensa é oferecida por uma lista mais longa de atividades.

Sem a psicoterapia ou uma crise como motivação, o passado raramente é recategorizado. De tempos em tempos, podemos recorrer a diferentes episódios do passado para justificar uma situação ou um incômodo presente, mas é raro nos darmos conta de que podemos mudar a maneira como os eventos ou as impressões foram armazenadas de início.

Por exemplo, vamos considerar um casal, Alice e Fred, que você encontra com frequência. Às vezes, os ouve brigar um pouco. Você não presta muita atenção, afinal todos os casais brigam, não é? Então descobre que eles estão se divorciando. Tenta se lembrar de todas as evidências que expliquem esse resultado. "Eu sabia, lembra como eles costumavam brigar? As brigas eram terríveis." Por outro lado, talvez fique sabendo que eles acabaram de celebrar bodas de prata. "Que ótimo", você diz, "eles têm um casamento tão sólido, os dois quase nunca brigam e, quando brigam, sempre se reconciliam de um jeito tão carinhoso." Enquanto fazemos uma seleção no nosso estoque de memórias, as categorias originais que vimos se mantêm as mesmas. Nesse caso, nos lembramos de determinado comportamento como uma discussão. Ela pode vir à tona como horrível ou engraçada, mas nós a identificamos como uma discussão. Não categorizamos o comportamento original e dizemos que, em vez de discutir, para o casal talvez aquilo fossem preliminares, um jogo ou um ensaio para uma peça. Inicialmente, o comportamento rotulado como "discussão" pode ter estado aberto a diversas interpretações. Quando é armazenado na memória como uma discussão, não é provável que seja recategorizado, mesmo que seja evocado ou deixado para trás para ajudar em algum caso.

Quando criamos novas categorias de modo plenamente consciente, prestamos atenção à situação e ao contexto. Se preciso de alguém para me ajudar a consertar um teto alto, uma pessoa alta pode ser a melhor opção. Por outro lado, talvez alguém de quase 1,70 metro seja mais adequado – se for um escalador, não terá problemas com escadas e assim por diante. Subdividir categorias de habilidades em distinções mais precisas é uma abordagem útil para um gestor. Em um ambiente muito ruidoso, um programador esperto que seja surdo pode ser um candidato melhor do que uma pessoa de habilidade equivalente mas com audição normal. Se é necessário ficar sentado por longos períodos de tempo, alguém que faça uso de uma cadeira de rodas pode não se importar com o trabalho sedentário tanto quanto outro candidato. Uma lista simples de habilidades gerais livre de contexto ocultaria essas e muitas outras distinções mais diferenciadas.

A maior parte das opiniões fortes depende de categorias globais. Se descrevemos alguém de quem desgostamos profundamente, uma única declaração costuma dar conta do recado. Mas se, em vez disso, somos forçados a descrever a pessoa em muitos detalhes, vai acabar aparecendo alguma qualidade que apreciamos. Isso acontece com objetos e situações também, e é uma forma de mudar uma situação intolerável: podemos tentar ter o bom sem o mau. Vamos pensar, por exemplo, em alguém que odeia os invernos na Nova Inglaterra. Se essa pessoa deixar seus pensamentos se tornarem mais abertos, pode descobrir que aquilo de que de fato não gosta é se sentir restrita pelas roupas pesadas de frio. Uma jaqueta com bom isolamento ou um aquecedor melhor no carro pode mudar sua perspectiva. Ou vamos considerar um casal discutindo sobre comprar ou não um aparelho de ar-condicionado. Ela não suporta o calor, mas ele tem muitas objeções porque pega "resfriados de ar-condicionado" o tempo todo no trabalho. Talvez o ar no escritório seja seco demais, ou o sótão da casa deles precise de um exaustor, e assim por diante. Uma atitude plenamente atenta talvez não evite toda necessidade de concessão, mas pode ser que evite. Em todo caso, ela pode reduzir consideravelmente a margem de conflitos. Em um ambiente doméstico e, como vamos ver a seguir, no ambiente de trabalho ou no universo do preconceito, categorias diferenciadas e novas distinções plenamente atentas podem melhorar a maneira como nos relacionamos.

Dar as boas-vindas a novas informações

Um estado plenamente atento também implica uma abertura para novas informações. Como na criação de categorias, receber novos dados é uma função básica dos seres vivos. Aliás, sua falta pode ser prejudicial. Pesquisas sobre privação sensorial revelam que, se confinados a um ambiente não estimulante por um longo tempo, como um submarino ou uma câmara livre de estímulos especialmente desenvolvida, sofremos uma série de problemas psicológicos. Além disso, se exposto a padrões de estímulos vistos como repetitivos e sem variação, o sistema sensorial muitas vezes se fecha, uma vez que não está "recebendo" nada novo.

Um modelo de receptividade plenamente atenta é o sistema de navegação inercial nas aeronaves modernas. Esse dispositivo está constantemente recebendo informações novas, constantemente comunicando ao piloto onde o avião está. Temos um mecanismo semelhante que opera em nosso corpo quando andamos ou nos equilibramos em diferentes caminhos. No entanto, nossa mente tem uma tendência a bloquear sinais pequenos e inconsistentes.

Por exemplo, se uma citação conhecida é *alterada* de modo a perder o sentido (mas mantendo suficiente familiaridade estrutural), é provável que alguém que a esteja lendo em voz alta leia a frase *original*. Mesmo que o que esteja lendo não esteja na página diante dela, a pessoa provavelmente vai demonstrar muita confiança de que o o trecho de fato foi lido de modo correto.[4] (Releia a última frase e note o "o" dobrado.) Em contraste, indivíduos que demonstram um envolvimento plenamente atento vão acompanhar ativamente os sinais modificados. Um comportamento que é fruto de ouvir ou assistir a algo de modo plenamente atento, a partir de um banco de dados em expansão e cada vez mais diferenciado, tem maior probabilidade de ser mais eficiente, obviamente.

Considere uma relação entre dois sócios, o sr. X e a sra. Y. Talvez eles notem que, apesar de os negócios estarem em expansão, os mal-entendidos também estão se multiplicando. O sr. X percebe que a sra. Y o está categorizando como rígido. Afinado com as sutilezas, ele sente uma falta de aprovação. Percebendo que ele e a sra. Y são muito diferentes, mas que ela talvez considere o estilo dele como inadequado em vez de diferente, o sr. X lhe explica seu comportamento a partir de seu ponto de vista dizendo o quanto se esforça para ser consistente e previsível. A sra. Y aceita a descrição do sr. X do comportamento dele, dando-se conta do valor de um sócio com o qual possa contar, em vez de enxergar as mesmas qualidades como rigidez. A sra. Y conseguiu fazer essa mudança porque ela também estava aberta aos sinais, a outro ponto de vista. Nas relações mais fortes, isso cria um círculo de *feedback* contínuo que mantém a sociedade, o casamento ou a equipe em equilíbrio, como uma aeronave.

Mais do que uma perspectiva

A abertura, não apenas a novas informações, mas a diferentes pontos de vista, também é uma importante característica da atenção plena. Durante anos, psicólogos sociais escreveram sobre as diferenças entre a perspectiva de um ator e de um observador.[5] Por exemplo, temos uma tendência a culpar as circunstâncias por nosso próprio comportamento negativo: "O metrô sempre me atrasa". Se o mesmo comportamento é adotado por outra pessoa, no entanto, tendemos a culpar o indivíduo: "Ele tem um problema crônico de atraso".

Quando adquirimos uma consciência plenamente atenta de perspectivas para além da nossa própria, começamos a nos dar conta de que existem tantos pontos de vista quanto observadores. Essa conscientização tem um potencial libertador. Por exemplo, imagine que alguém acabou de lhe dizer que você é rude. Você achou que estava apenas sendo franco. Se houvesse apenas uma perspectiva, vocês dois não poderiam estar certos. Mas, tendo consciência de que há muitas perspectivas, você pode aceitar que ambos estão corretos e pensar se seus comentários tiveram o efeito que você de fato desejava. Se nos apegarmos ao nosso próprio ponto de vista, podemos nos cegar para o impacto que causamos nos outros. Se formos vulneráveis demais às definições de outras pessoas sobre nosso comportamento, podemos nos sentir prejudicados, uma vez que observadores costumam ser menos lisonjeiros em relação a nós do que nós mesmos. É fácil ver que cada gesto, comentário ou ato entre as pessoas pode ter *pelo menos* duas interpretações: espontâneo *versus* impulsivo; consistente *versus* rígido; delicado *versus* fraco; intenso *versus* dramático; e assim por diante.

Essa lista não deve criar a impressão de que, para cada ato, há duas interpretações fixas, polarizadas. Como já afirmamos, há potencialmente tantas interpretações quanto observadores. Cada ideia, pessoa ou objeto tem o potencial de ser, simultaneamente, muitas coisas, dependendo da perspectiva de quem vê. Um bezerro é um pedaço de carne para um fazendeiro, um objeto sagrado para um hindu e uma coleção de genes e proteínas para um biólogo molecular. Tampouco ser plenamente atento significa que podemos planejar determinados modos definidos de interagir com os outros que vão produzir certos resultados. Em vez disso, significa que nos manteremos cientes das várias perspectivas possíveis, as quais nunca vão se esgotar. Podemos ver isso em grande escala ou nas circunstâncias mais ordinárias. O acidente nuclear de Chernobyl foi retratado com muitas cores diferentes, de um "sacrifício heroico em benefício da humanidade" até uma "negligência abjeta e destrutiva".[6]

Perto de nós, podemos ver como um conjunto de circunstâncias faz surgir mais de um ponto de vista: "Eu visito minha mãe com regularidade – toda semana, há anos, toda semana –, religiosamente", diz um filho adulto. A mãe idosa dele vê as coisas de um jeito diferente: "Meu filho é tão imprevisível, nunca sei que dia da semana ele vem me visitar. Há anos, às vezes é segunda, às vezes é só na sexta. Eu nunca sei".[7] Ou vamos considerar o casal do filme *Noivo neurótico, noiva nervosa*, de Woody Allen, a quem os respectivos terapeutas perguntam com que frequência eles faziam amor. "Quase nunca", diz o homem, "não mais do que três vezes por semana." "Constantemente", responde a mulher, "pelo menos três vezes por semana."

Como observadores, julgamos o comportamento considerando se, como atores, poderíamos ou faríamos a mesma coisa. Se eu fizer um arremesso de basquete do círculo central (e acertar), sou visto como alguém que arriscou. Isso significa que minha *suposta* competência excedeu as expectativas de alguém sobre sua própria competência. Não significa que corri um risco maior do que outra pessoa, se tivesse tido a mesma confiança que eu. Fiz o arremesso porque achei que podia acertar. No entanto, como o observador não teria se arriscado e não conhece meu suposto nível de competência, ele supõe que eu sou uma pessoa *ousada*. Feliz com o elogio, eu não discuto. Mas ter consciência de todos esses elementos é da natureza da atenção plena.

Tentar desenvolver uma mentalidade mais flexível pode ajudar se lembrarmos que as pessoas têm razões perfeitamente boas para se comportar de maneiras que consideramos negativas. Mesmo que suas razões sejam difíceis para nós, como observadores, discernir, as pessoas raramente são avarentas, intransigentes, implicantes, inflexíveis, fechadas, negligentes, indiscretas, imprudentes ou dramáticas, por exemplo, *de propósito*. Ninguém tenta cultivar qualidades desagradáveis. Pegue a mesma lista e se imagine em uma situação em que esse termo seria aplicado a você. Vamos supor que tenha comprado um presente para alguém numa liquidação, você se consideraria avarento ou comedido? Se foi buscar seus filhos mais cedo na escola numa sexta-feira de primavera, se veria como irresponsável ou animado? Quase todo comportamento pode ser visto sob uma luz negativa ou mais tolerável e justificável.[8]

As consequências de experimentar diferentes perspectivas são importantes. Em primeiro lugar, ganhamos mais opções para reagir. Um rótulo irredutível produz uma reação automática, que reduz nossas opções. Além disso, entender que as pessoas podem não ser tão diferentes nos permite ter empatia e amplia nossa gama de reações. Torna-se menos provável nos sentirmos presos em uma batalha polarizada.

Em segundo lugar, quando aplicamos essa atitude tolerante ao nosso próprio comportamento, a mudança se torna mais possível. Quando eu atendia em consultório, muitas vezes me parecia estranho que os pacientes não apenas tinham uma forte motivação para mudar (por isso suas visitas a mim), mas o comportamento desejado já estava em seus repertórios. O que as estava impedindo? Olhando para trás, agora me dou conta de que, com frequência, era provável que estivessem tentando mudar um comportamento (por exemplo, "ser impulsivo") de que gostavam ativamente, mas de outro ponto de vista ("ser espontâneo"). Com essa constatação, mudar o comportamento de alguém pode ser visto não como mudar algo negativo, mas como fazer uma escolha entre duas alternativas positivas (por exemplo, "ser reflexivo" *versus* "ser espontâneo").

Uma de minhas alunas, Loralyn Thompson, e eu testamos a hipótese de que a razão por que algumas pessoas têm dificuldade de mudar, não importa quanto tentem, é realmente valorizarem o comportamento sob um nome diferente.[9] Usando uma lista de traços negativos, como rígido, inflexível, ingênuo etc., pedimos às pessoas para nos dizer se tinham tentado mudar essas características em si mesmas e se tinham conseguido ou não, ou se a descrição lhes era irrelevante. Depois, pedimos para nos contarem quanto valorizavam cada um dos seguintes atributos: consistência, seriedade, confiança e assim por diante, que eram o oposto espelhado das características negativas. Nossa hipótese foi confirmada. As pessoas valorizaram qualidades que, quando dispostas de modo negativo, eram as que mais queriam mudar em si mesmas, mas não tinham conseguido. Ter ciência dessas visões duais deveria aumentar nossa ideia de controle e nosso sucesso em modificar um comportamento (se ainda o sentirmos como indesejável). No Capítulo 10, vamos ver o poder de uma perspectiva flexível aplicada à recuperação de doenças graves e também à terapia para dependências.

Controle acima do contexto: *O homem de Alcatraz*

O aumento do controle possibilitado pela atenção plena também pode nos ajudar a modificar contextos. Irving Janis, John Wolfer e eu investigamos a influência de uma visão limitada do ambiente hospitalar na dor.[10] Pacientes muitas vezes estão certos de que a dor é inevitável em um hospital. Presos nessa mentalidade, supõem que, sem a ajuda de medicamentos, a dor não pode ser controlada. Em nosso experimento, tentamos descobrir se as pessoas podiam controlar suas sensações colocando-as em um contexto diferente, mais otimista.

Os pacientes que estavam prestes a se submeter a uma cirurgia importante aprenderam a se imaginar em uma de duas situações: jogando futebol americano ou preparando um jantar. Em meio a um embate na quadra, hematomas quase não são notados. Da mesma forma, cortar-se enquanto se apressa para preparar jantar para dez pessoas que vão chegar a qualquer minuto também pode ser algo quase imperceptível. Em contraste, um corte de papel durante a leitura de um artigo chato de revista logo se torna o foco da atenção. Por meio de exemplos desse tipo, os participantes do estudo aprendem que, em vez de ser inevitável, boa parte da dor que vivenciamos parece depender do contexto.

Os funcionários do hospital, sem saber da nossa hipótese, monitoraram o uso de medicamento e a duração da internação dos pacientes participantes nesse grupo experimental e nos grupos de controle. Os pacientes que aprenderam a reinterpretar a experiência hospitalar de modo não ameaçador tomaram menos analgésicos e sedativos e tenderam a sair do hospital antes dos que não passaram por esse aprendizado. Uma experiência hospitalar vista por olhares psicologicamente diferentes não é a mesma experiência, e a diferença podia ser medida em doses mais baixas de medicação e recuperações mais rápidas. A técnica de reavaliação efetivamente flexibilizou a mentalidade do hospital e, ao demonstrar que a dor não é uma certeza, deu aos pacientes mais controle sobre sua convalescença.

Até mesmo as situações aparentemente mais fixas e certas podem ser controladas se vistas com atenção plena. O Homem de Alcatraz foi condenado à prisão perpétua sem possibilidade de condicional. O mundo todo lhe foi tirado; um dia vazio e sombrio seguido de outro, enquanto ele observava bandos de pássaros voando do lado de fora de sua janela. Em uma manhã, um pardal machucado entrou em sua cela, e o homem cuidou dele até restaurar sua saúde. O pássaro não era mais apenas um pássaro; para ele, era um pardal específico. Outros prisioneiros, guardas e visitantes começaram a lhe trazer pássaros, e ele aprendeu cada vez mais sobre eles. Logo, o homem tinha um verdadeiro aviário em sua célula. Ele se tornou uma autoridade de destaque em doenças de pássaros, conhecendo cada vez mais sobre essas criaturas e desenvolvendo cada vez mais aptidão. Tudo o que ele aprendeu foi por conta própria e original.

Em vez de uma existência enfadonha e estagnada em uma cela por mais de quarenta anos, o Homem de Alcatraz descobriu que o tédio pode ser só mais uma construção da mente, não mais garantido do que a liberdade. Sempre existe algo novo para perceber. E ele transformou o que poderia ter sido um total inferno em, pelo menos, um purgatório plenamente atento e fascinante.

Processo antes do resultado

Como vimos no Capítulo 3, a preocupação com resultados pode nos tornar autômatos. Invertendo essa observação, como fizemos com todas as novas definições de automatismo, podemos ver a atenção plena como uma orientação para o processo. Considere um cientista que se sente burro por não ter lido um artigo científico que está sendo discutido calorosamente entre seus colegas. Olhar em retrospectiva de modo automatizado o fez se sentir assim. Ele se vê como alguém que teve a escolha de ler ou não o artigo e que, estupidamente, fez a escolha errada. Se tivesse ficado menos fixado no resultado, talvez se desse conta de que a escolha não era entre ler o artigo ou não fazer nada, mas entre ler o artigo ou trabalhar no laboratório, tirar um descanso muito necessário ou ler para a filha. Esse é outro exemplo das *comparações falhas* descritas no capítulo anterior. A conscientização do processo de fazer escolhas reais pelo caminho torna menos provável que nos sintamos culpados ao olhar para trás. Afinal, consideramos que escolhas atentas trazem alguns benefícios. Ou por que nós as faríamos intencionalmente? Às vezes, depois de descobrir as consequências de uma atitude, podemos desejar que tivéssemos feito uma escolha diferente, mas ainda tendemos a não ser tão duros conosco quando sabemos por que fizemos o que fizemos.

Uma verdadeira orientação para o processo também significa estar ciente de que todo resultado é precedido por um caminho. Estudantes de pós-graduação esquecem isso o tempo todo. Eles começam sua dissertação com uma ansiedade excessiva porque viram o trabalho aprimorado e concluído de outras pessoas e, equivocadamente, o comparam aos próprios passos iniciais. Com os narizes mergulhados em fichamentos e hipóteses ainda não amadurecidas, olham estarrecidos para o livro do dr. Fulano como se este tivesse nascido sem esforço ou falsos começos, saído diretamente do cérebro para a página impressa. Ao investigar como alguém chegou a algum lugar, é mais provável enxergarmos as conquistas como árduas e nossas próprias chances como mais plausíveis.

Nosso julgamento sobre a inteligência dos outros pode ser distorcido por uma ênfase no resultado. Em uma pesquisa informal, meus alunos e eu pedimos às pessoas para avaliar a inteligência de cientistas que tinham obtido resultados "impressionantes" (como descobrir um novo planeta ou inventar um novo medicamento). Quando a conquista foi descrita como uma série de passos (e quase todas as conquistas podem ser desmembradas dessa forma), eles julgaram o cientista como menos esperto do que quando a descoberta ou a invenção foi apenas citada. As pessoas conseguem se imaginar dando passos, enquanto grandes alturas parecem totalmente proibitivas.

Uma orientação voltada para o processo não só aprimora o julgamento, ela também nos faz sentir melhor sobre nós mesmos. Uma orientação voltada apenas para os resultados pode tirar a alegria de viver. Considere um jogo de golfe. Primeiro você aprende a manter a cabeça baixa e a não dobrar o braço. Continua tentando e diminui sua pontuação. Mas imagine que lê sobre tacos que diminuem sua pontuação em um terço. Você não ia querer comprá-los? O quarto buraco em quatro tacadas, em vez de seis – isso é um jogo. Agora adquira bolas melhores. Ah, menos três tacadas. Finalmente, uma bola nova é inventada, tão refinada que chega ao buraco com uma tacada. Que jogo, um *hole in one* a cada tacada. Que jogo!

Em um jogo, entendemos que o processo – se não é tudo – é de fato o que importa. Mas pode ser a mesma coisa pelo resto da vida. Nos negócios, não seria bom ter sempre garantia de sucesso? E se todos os planos de negócios funcionassem, sem tropeços nem irritações? A princípio, poderia parecer sedutor, como o toque de Midas. Como seria a vida? Uma casa de repouso? De acordo com os japoneses, os grandes negócios têm muito a aprender com as crianças do jardim de infância. Em algumas empresas japonesas, os pensadores e inovadores são especificamente encorajados a ser *orientados para o processo* – os resultados podem vir depois.[11]
Dizia-se que a Bell Labs, com seu foco na pesquisa, era livre do foco nos produtos, pelo menos até o desmembramento da AT&T.

Atenção plena no Oriente e no Ocidente

As definições de atenção plena neste capítulo, especialmente a orientação para o processo que acabamos de discutir, farão muitos leitores lembrarem dos vários conceitos de atenção plena encontrados nas religiões orientais. Os alunos nas minhas aulas que conhecem essa área estão sempre estabelecendo paralelos. Apesar de existirem muitas similaridades, as diferenças nos contextos histórico e cultural, a partir dos quais elas derivam, e os métodos mais elaborados, incluindo a meditação, por meio dos quais diz-se que um estado plenamente atento é alcançado nas tradições orientais, devem nos manter cautelosos sobre estabelecer ligações muito próximas.

Meu trabalho sobre atenção plena foi conduzido quase totalmente dentro da perspectiva científica ocidental. De início, meu foco era o automatismo e sua prevalência na vida cotidiana. Como pôde ser visto até agora neste livro, a ideia de atenção plena se desenvolve gradualmente observando aspectos do automatismo e, então, olhamos para o outro lado da moeda. Só depois de uma série de experimentos que demonstram os custos de mentalidades rígidas e perspectivas irredutíveis é que começo a explorar os enormes benefícios em potencial de uma atitude plenamente atenta para o envelhecimento, a saúde, a criatividade e o local de trabalho.

Por trás dos ensinamentos orientais de atenção plena existe um elaborado sistema de cosmologia desenvolvido e refinado ao longo do tempo. O aspecto moral da atenção plena (a ideia de que o estado plenamente atento atingido pela meditação vai levar à ação espontânea correta)[12] é uma parte essencial dessas filosofias. Ela toca questões complexas demais para o escopo deste livro. No entanto, como muitas qualidades dos conceitos orientais de atenção plena e o descrito neste livro são notadamente similares, podemos esperar que algumas consequências morais aspiradas pelas disciplinas orientais também possam resultar da atenção plena como é compreendida na forma e no contexto ocidentais.

Como um exemplo dos emaranhados semânticos e filosóficos que surgem se tentarmos comparar as visões do Oriente e do Ocidente do estado plenamente atento, vamos considerar a atividade de criar novas categorias. Enquanto esta é uma forma de atenção plena na nossa definição, ela parece estar em perfeita oposição com o que se faz durante a meditação.[13] Na meditação, a mente se torna mais quieta, e o pensamento ativo é desencorajado. Em algumas técnicas de meditação, os pensamentos e as imagens que vêm à mente são considerados desimportantes e são abandonados assim que sua presença é notada. Ao mesmo tempo, em muitas visões orientais, diz-se que as técnicas adequadas de meditação resultam em um estado que foi chamado de *desautomatização*.[14] Nesse estado, velhas categorias se rompem e o indivíduo não fica mais confinado a estereótipos. Essa liberdade de distinções rígidas é muito semelhante à atenção plena que é descrita neste livro. Esse exemplo deveria mostrar por que, como não sou totalmente formada no pensamento oriental, deixo para os outros flertarem com as semelhanças e as diferenças entre os dois conceitos de atenção plena. Se um leitor está familiarizado com uma disciplina oriental específica, ele pode apreciar fazer comparações, tanto na técnica quanto no resultado.

6

Envelhecer com atenção plena

> Quando uma nova deficiência surge, dou uma olhada para ver se a morte chegou. E eu pergunto em voz baixa: "Morte, é você? Você está aí?". Até agora, a deficiência me responde: "Não seja boba, sou eu".
>
> – Florida Scott-Maxwell,
> *The Measure of My Days*

A idade é um marcador tão poderoso que, seja lá o que aconteça com nossa mente e nosso corpo num momento mais avançado da vida, presumimos ser resultado da passagem dos anos. Se as pessoas mais velhas fazem algo de um jeito um pouco incomum, nós rotulamos isso de excentricidade ou senilidade, mesmo que elas tenham feito a mesma coisa a vida toda. Em mentalidades tão restritivas, tão apertadas quanto uma armadura com as medidas erradas, crescimento, flexibilidade e novos projetos tornam-se impossíveis. Não só a qualidade mas a duração da nossa vida pode ser afetada.

Controle e sobrevivência

Os custos do automatismo e os potenciais benefícios do aumento da atenção plena ficaram especialmente claros para mim durante a condução de uma pesquisa com idosos. Em 1976, com Judith Rodin, uma colega de Yale, explorei os efeitos da tomada de decisão e responsabilidade em residentes de uma casa de repouso.[1] Dividimos os residentes entre o grupo experimental e o de controle. Os que estavam no grupo experimental foram enfaticamente encorajados a tomar mais decisões por si mesmos. Tentamos criar decisões importantes e, ao mesmo tempo, que não atrapalhassem os funcionários. Por exemplo, pedimos a esses residentes para escolher onde receber visitantes: dentro da casa ou do lado de fora, nos quartos, na sala de jantar, na sala comum etc. Também foi dito que um filme seria exibido na semana seguinte, na quinta e na sexta, e que eles deveriam decidir se queriam vê-lo e, em caso afirmativo, quando. Além de escolhas desse tipo, os residentes do grupo experimental receberam uma planta de que deveriam cuidar. Eles escolheriam quando e quanta água dar à planta, se a colocariam na janela ou a protegeriam do sol, e assim por diante.

 Esse grupo foi contrastado com os membros de um grupo de comparação que também receberam plantas, mas foram informados de que as enfermeiras cuidariam delas. As pessoas no grupo de comparação não foram encorajadas a tomar decisões por conta própria, mas avisadas de que os funcionários estavam ali para ajudar de todas as maneiras possíveis. Por exemplo, se queriam receber as visitas do lado de dentro ou de fora da casa, em seu quarto, na sala de jantar ou na sala comum, sugerimos que elas dissessem a um funcionário da casa, que os ajudaria a cuidar de tudo. Tentamos fazer as questões entre os dois grupos o mais parecidas possível, exceto pela distinção de quem era o responsável e detinha o controle.

Antes de o experimento começar e três semanas depois de acabar, usamos vários medidores comportamentais e emocionais para julgar seu efeito. Os medidores comportamentais (como participação nas atividades da casa de repouso), relatos subjetivos (quanto os residentes se sentiam felizes) e avaliações dos funcionários (quão alertas e ativos eles consideravam os residentes) revelaram melhoras claras e consideráveis no grupo que recebeu mais responsabilidade.

Um ano e meio depois do estudo, voltamos para a casa de repouso e fizemos as mesmas medições. Os residentes que receberam mais responsabilidade ainda tomavam mais iniciativa e estavam significativamente mais ativos, vigorosos e sociáveis do que os demais. Quando deu uma palestra na casa de repouso, Judith Rodin descobriu que aqueles que participaram ativamente e fizeram a maioria das perguntas vinham do grupo experimental. Na época, também medimos a saúde física dos residentes. Ao passo que, antes do começo do nosso estudo, os índices na avaliação de saúde dos dois grupos (com base nos registros médicos) eram os mesmos, um ano e meio depois, a saúde do grupo experimental tinha melhorado e a do grupo de comparação piorado. A descoberta mais impressionante, no entanto, foi que as atitudes modificadas a que demos início para os residentes dessa casa de repouso resultaram em uma taxa de mortalidade mais baixa. Apenas sete dos 47 participantes no grupo experimental morreram durante o período de um ano e meio, ao passo que treze dos 44 participantes no grupo comparativo faleceram (15% versus 30%). Em função desses resultados tão surpreendentes, buscamos outros fatores que pudessem ter afetado os índices de mortalidade. Infelizmente, não temos como saber tudo sobre os residentes antes do experimento. Mas o que sabemos é que aqueles que morreram não apresentaram diferenças significativas no período em que estiveram na instituição ou, como foi apontado, na situação geral de sua saúde quando o estudo começou. As causas de morte que apareceram nos registros médicos variaram de um indivíduo para o outro em ambos os grupos. Assim, o maior número de mortes no grupo de comparação não foi resultado de determinada doença ser mais predominante em um grupo do que em outro. As mudanças trazidas pelo experimento na vida dos residentes pareceram levar – real, literal e figurativamente – a viver mais. Quando olhamos com atenção para nosso "tratamento" – ter encorajado a escolha, a tomada de decisão e dado aos residentes algo *novo* de que cuidar –, parece apropriado enxergá-lo como uma forma de aumentar a atenção plena. Esses resultados foram confirmados por muitas pesquisas desde aquela época.

Entre outros efeitos, o aumento da atenção plena parece reduzir a depressão associada à velhice. Larry Perlmuter e eu investigamos se era possível diminuir a depressão, bem como aumentar o autoconhecimento e a memória, por meio de uma técnica de monitoramento comportamental.[2] Essa técnica, em que os participantes anotam as escolhas feitas em atividades cotidianas, já fora apontada como uma forma eficiente de aumentar a atenção plena.[3] Ela se apoia na suposição sobre a natureza da escolha: a oportunidade de fazer escolhas aumenta nossa motivação. Na maior parte das nossas atividades cotidianas, no entanto, as escolhas em potencial que um dia existiram estão esquecidas há muito tempo. Se tomo suco de laranja no café da manhã todo dia, mesmo que existam muitas alternativas disponíveis, é provável que eu não esteja fazendo uma escolha significativa. Uma escolha significativa envolve um grau de consciência das outras alternativas que não foram selecionadas. Por meio dessa consciência aprendemos algo sobre nós mesmos, nossos gostos e nossas preferências. Por exemplo, se eu parar para me perguntar por que não estou tomando suco de tomate ou de toranja, vou saber que não é só porque eu queria algo gelado, uma vez que todos estão gelados; nem porque eu queria um sabor cítrico, uma vez que tanto a toranja quanto a laranja oferecem isso. Talvez eu quisesse algo um pouco doce e cítrico. Distinções como essa, em questões menores mas também naquelas mais importantes, nos tornam cientes de como estamos moldando nossos dias.

    Tanto aposentados quanto residentes de casas de repouso participaram desse estudo-piloto. Apresentamos a eles um de quatro meios de monitorar suas escolhas cotidianas durante um período prolongado. Os tipos de monitoramento variavam na complexidade de raciocínio exigido e também na quantidade de controle exercida pelos participantes. Presumimos que um raciocínio mais complexo e um maior controle aumentariam a atenção plena.

Ao primeiro grupo ("menos atento") foi pedido simplesmente que monitorasse e avaliasse atividades específicas todos os dias por uma semana (por exemplo, a primeira bebida que eles escolhiam no dia). O segundo monitorou diferentes comportamentos a cada dia. O terceiro grupo recebeu a tarefa de se concentrar em diferentes atividades, mas também de listar, para cada uma, três alternativas que eles pudessem ter escolhido, mas não o fizeram. O último grupo ("o mais plenamente atento") era o mesmo que o terceiro, à exceção de que os membros escolhiam que atividades monitorar. Na conclusão do experimento de uma semana, os participantes foram entrevistados e avaliados por observadores independentes em relação a humor, grau de independência e confiança e estado de alerta.

Para praticamente todas as medidas, quanto mais decisões e controle eram exigidos dos participantes, mais probabilidade eles tinham de se tornar (1) menos deprimidos; (2) mais independentes e confiantes; e (3) mais alertas e diferenciadores em suas escolhas. Esses resultados iniciais apontam fortemente para mais pesquisas sobre esse aspecto do envelhecimento. Não esperaríamos que os resultados se mantivessem se, de uma vez só, tantas decisões fossem impostas a alguém de modo que, em vez de fazer uma escolha por vez, a pessoa optasse por não tomar nenhuma.

Surpreendentemente, encontramos muita resistência não intencional – das famílias e dos próprios idosos – às nossas tentativas de lhes dar controle e torná-los mais independentes. Como em muitos ambientes institucionais, a dependência é – de modo involuntário, mas flagrante – encorajada.[4] Quando o morador de uma casa de repouso recebe ajuda para se vestir para o café da manhã (seja como resultado de uma preocupação com esse morador, seja para os funcionários da casa ganharem tempo), ele pode se sentir incompetente e indefeso. No fim das contas, essa ajuda vai tomar mais tempo dos funcionários, uma vez que, quanto mais ajuda as pessoas recebem, mais ajuda elas vão demandar.[5] Certa vez, ao chegar a uma casa de repouso antes da visita agendada para um projeto de pesquisa, me envolvi numa conversa com uma mulher de 80 anos que tinha ido visitar a irmã de 84. Essa mulher me contou que a irmã lhe pediu para levar alguns pegadores de salada de madeira para que pudesse vestir a roupa íntima sem ajuda, uma vez que era difícil para ela se abaixar. Perguntei se ela tinha comprado o utensílio para a irmã, e a mulher respondeu: "Deus me livre, se ela usasse aquilo, ia acabar machucando as costas". Horrorizada com a resposta, sugeri de brincadeira que talvez pudéssemos induzir um estado de semicoma. Assim, poderíamos ter certeza de que ela não cairia e quebraria o quadril nem engasgaria. Ela riu e logo entendeu o que eu quis dizer. A proteção bem-intencionada gradualmente prejudica a autonomia. E uma interferência mais opressiva, como amarrar os moradores à cadeira o dia todo para impedi-los de "se machucar", destrói qualquer vestígio de iniciativa.

Ver outra pessoa fazer alguma coisa que costumávamos fazer nos faz sentir que agora somos incapazes daquilo. Esse é o caso mesmo quando a única razão para nossa inação é externa (política institucional, por exemplo). As mentalidades sobre a velhice confirmam uma ideia de incompetência. É improvável que uma idosa considere lisonjeira uma explicação sobre por que ela não está fazendo alguma coisa sozinha. Quando há uma explicação pronta – estar velho –, nós raramente buscamos outras causas possíveis. Como ninguém se dá ao trabalho de descobrir o que o idoso consegue ou não fazer, o menor denominador comum é adotado. Quando a vontade de agir é contrariada, ela é atrofiada e se transforma em um desejo de receber cuidados.

Reverter a perda de memória

Talvez o problema mais comum cuja culpa recai na velhice é a perda de memória. Eu me lembro de acordar uma manhã de verão e não conseguir recordar que dia era. Se tivesse 80 anos, não teria feito uma busca muito extensa para descobrir a razão. Como eu tinha menos da metade dessa idade, me perguntei sobre esse lapso e me dei conta de que em julho, sem aulas para dar e sem compromissos para cumprir, todo dia era basicamente igual. Não havia razão para lembrar se era terça ou quarta, então eu não lembrava.

A experiência me trouxe um interesse cada vez maior na perda de memória associada à idade. Haveria razões para ela, em vez da (ou somada à) passagem dos anos, e seria reversível? Com diversos colegas, desenvolvi alguns experimentos para ver se dar às pessoas mais razões para lembrar tornava a perda de memória reversível.[6] Em um desses estudos, os moradores de uma casa de repouso foram visitados nove vezes durante um período de três semanas. Definimos um grupo experimental e dois grupos de controle. Durante cada visita, tornamos as demandas cognitivas cada vez mais complexas, incluindo perguntas em diversos graus de dificuldade a respeito da casa de repouso. Perguntamos, por exemplo: "Quantos nomes de enfermeiros e pacientes você sabe?" e "Quando será a próxima festa (bingo ou *show*)?". Se o residente não soubesse, pedia-se que ele descobrisse até a próxima visita. Outras questões diziam respeito a refeições e atividades diárias. Para cada resposta correta, os moradores recebiam fichas que podiam ser trocadas por um brinde. A um grupo de controle, as perguntas foram feitas do mesmo jeito, mas as fichas eram apenas lembranças, e não motivadores. Um segundo grupo de comparação não recebeu os diversos desafios nem as fichas.

Todos os grupos receberam testes para a memória de curto prazo, bem como avaliações dos enfermeiros para o estado de alerta, no início e no fim do experimento. O desempenho do grupo experimental ultrapassou o dos outros dois grupos nesses medidores. Também olhamos os registros médicos e descobrimos que, ao final do estudo, a saúde geral era melhor no grupo experimental do que no grupo de comparação. Um estudo subsequente,[7] dois anos e meio depois, revelou que os benefícios desse tipo de treinamento de atenção plena também incluíam um efeito na sobrevivência. Apenas 7% do grupo experimental tinha morrido, se comparados a 33% e 27% dos dois grupos de comparação. Uma vez que diversos outros residentes nos grupos de comparação, mas apenas um no grupo experimental, deixaram a casa para ir para o hospital, onde muitos deles acabaram morrendo, a diferença nos benefícios de longo prazo entre o grupo experimental e os grupos de comparação é, provavelmente, ainda maior.

Superar mentalidades

Muitas das opções, escolhas e oportunidades para ser responsável que oferecemos em nossos experimentos fazem parte da vida de um idoso em outras culturas. Por exemplo, é assim que os membros mais velhos dos Yadhan (uma tribo que desapareceu) eram considerados:

> A opinião deles é valorizada. Se são inteligentes e íntegros, eles têm muita influência. Algumas viúvas idosas são chefes de família, e são rigidamente obedecidas. A experiência dos mais velhos é útil para a comunidade: eles sabem como encontrar alimentos e lidar com as tarefas domésticas. São eles que transmitem a lei tácita e a fazem ser respeitada. Eles dão o exemplo e, se a ocasião se apresenta, corrigem e até punem quem se comporta mal.[8]

Apesar do fato de vários de nós conhecermos pouquíssimos idosos pessoalmente, temos ideias extremamente fortes sobre o envelhecimento. Uma grande parcela dessas ideias corresponde a comprometimentos cognitivos precoces. Como vimos no estudo discutido ao fim do Capítulo 3, mentalidades positivas sobre a velhice podem resultar em um envelhecimento mais rico. Aqueles que foram expostos a uma imagem mais positiva da velhice na juventude ficaram mais alertas e mais ativos quando envelheceram. Mas essa não é a imagem que a maioria de nós tem. Quando somos jovens, ouvimos expressões como "caduco", "decrépito", "coroca" de pessoas com visões muito negativas da velhice antes mesmo de começarmos a pensar em nós mesmos como potenciais pessoas velhas.

Quanto mais vivemos, mais oportunidades existem para que algo que um dia foi irrelevante, e para o qual já fizemos um comprometimento cognitivo precoce, se torne relevante.

Vamos considerar nossas atitudes em relação a casas de repouso. Em Cambridge, Massachusetts, conheci uma mulher de 83 anos chamada Mildred que estava numa dessas casas havia dois anos. A comida era boa, assim como os cuidados. Mas ela tinha morado por muitos anos em uma velha casa de Cambridge entre vizinhos que tinham envelhecido junto com ela e entre árvores mais antigas que todos eles. Mildred amava sua casa. Só que ela envelheceu, se tornou menos capaz de cuidar de si e o dinheiro acabou. Seu lar foi vendido, e Mildred se mudou para a casa de repouso. Ex-professora, ela amava livros, ainda que naquela época lesse muito pouco. Eles eram agora sua única companhia, espalhados como bichos de pelúcia. Quando a visitei, perguntei sobre Harry Truman, que foi um de seus alunos quando ela ensinava redação em Washington, D.C.: "Eu fazia caminhadas com o presidente Truman quando ele era presidente. Ele era um bom homem". Aparentemente, Truman queria melhorar seu inglês, e Mildred o ajudou.

Quando perguntei mais sobre ele, Mildred quis mudar de assunto. "Você ouve todas essas histórias sobre por que as pessoas vêm para um lugar como este", ela comentou. "Bom, elas estão aqui porque não têm para onde ir."

A visão de Mildred em relação às casas de repouso reflete um fato correto, mas desnecessário. Como a maioria das pessoas compartilha essa visão, as casas de repouso refletem essas imagens negativas. Não só é doloroso manter essa ideia se esse local acaba se tornando seu novo lar, o que pode muito bem acontecer, mas essas perspectivas negativas para pessoas mais jovens podem ajudar a desenhar a realidade desses lugares como becos sem saída terríveis. Tal é o poder das mentalidades.

Muito do que os idosos vivenciam pode ser resultado de estereótipos negativos internalizados na infância. Não sabemos quantas "debilidades da idade" na verdade estão geneticamente programadas em nosso corpo, ou quantas se devem a comprometimentos cognitivos precoces. Não sabemos quantas outras opções mais serenas ou empolgantes para a terceira idade de alguém poderiam ser conjuradas se estivéssemos abertas a elas.

Cícero disse: "Tão frágeis são muitos homens velhos que não conseguem executar nenhuma tarefa nem nenhuma função qualquer da vida, mas isso em Verdade não é culpa específica da velhice, ela recai sobre a má saúde".[9] A velhice e a saúde ruim continuam sendo confundidas.[10] A doença pode ser mais provável na velhice, mas não é a mesma coisa que a velhice. Ao presumir de modo inconteste que a terceira idade significa fragilidade e fraqueza, esperamos pouco dos idosos à nossa volta, e de nós mesmos conforme envelhecemos. A consequência dessas mentalidades é uma espiral interativa que gradualmente nos desgasta. A autoestima, claro, é prejudicada e causa mais sofrimento porque os idosos se culpam, em vez de responsabilizarem as situações em que se encontram.

Um experimento descrito ao final deste capítulo pode dar aos leitores ideias sobre como contornar as mentalidades ultrapassadas e surpreender a si mesmo com uma velhice renovada. Nele, nós basicamente enganamos o corpo a retroceder vinte anos.

Florida Scott-Maxwell, uma analista junguiana que só começou sua formação na meia-idade, passou a fazer anotações em um caderno pessoal aos 82 anos, no qual registrou suas impressões da velhice. Suas experiências, observadas com atenção plena, não condiziam com suas expectativas: "A idade me impressiona. Achei que fosse um tempo de quietude. Meus setenta anos foram interessantes e bastante serenos, mas os oitenta têm sido intensos. [...] Para minha própria surpresa, estou cheia de convicção ardente".[11]

Ultrapassar os limites da idade

Quais exatamente são as nossas mentalidades sobre a velhice? Ann Mulvey e eu conduzimos um estudo para descobrir que ações são mais comumente citadas como características dos idosos.[12] O estudo perguntava implicitamente: ser velho é ser visto como senil? Usamos questionários para avaliar crenças sobre o comportamento dos mais velhos e para determinar se informações e atitudes sobre o comportamento senil variam em função de idade e/ou familiaridade com os idosos. O estudo contou com 75 adultos: 25 entre as idades de 25 e 40; 25 entre 45 e 60; e 25 com mais de 70 anos.

Pedimos aos participantes para listar os tipos de comportamento que consideravam característicos das pessoas de três grupos etários diferentes: 25-35, 65-75 e 76 ou mais. Também perguntamos quais desses comportamentos, se é que algum deles, indicavam senilidade. Em seguida, todos leram as mesmas descrições de vários eventos, e foi pedido que descrevessem o que uma pessoa senil provavelmente faria em cada situação. Por exemplo: "Uma pessoa senil entra em uma loja e escolhe um pão. Ela então _____". Finalmente, perguntamos a probabilidade de eles mesmos se tornarem senis.

Avaliadores que não sabiam das hipóteses experimentais analisaram as respostas. Os participantes jovens e de meia-idade viam os mais velhos como envolvidos basicamente em comportamentos não sociais e em atividades passivas e detentores de características pessoais desagradáveis, muito mais do que características positivas. Os participantes idosos, por outro lado, viam as pessoas mais velhas como significativamente mais envolvidas em atividades sociais e como detentoras de qualidades pessoais mais atraentes. A população mais jovem tinha mais probabilidade do que a mais velha de ver os idosos como debilitados.

Seja para os participantes idosos, seja para os de meia-idade, seja para os jovens, pareceu haver um estereótipo do idoso que incluía uma ideia relativamente bem definida de senilidade. Cada grupo etário viu a senilidade em termos muito negativos e a chamou de uma condição de deterioração física que causa perda de memória, incompetência mental, perda de contato com a realidade e desamparo. Além disso, e o mais interessante, descobrimos que mais de 65% do grupo mais jovem tinha certeza de que *não* se tornaria senil, enquanto apenas 10% do grupo idoso expressou essa certeza. Ou seja, *90%* dos participantes idosos acharam que havia uma boa chance de que eles se tornassem senis, ainda que, de acordo com os registros médicos, apenas 4% daqueles com mais de 64 anos sofrem de uma forma séria de senilidade, e apenas outros 10% sofrem de uma versão moderada.[13]

Quando somos jovens e respondemos a perguntas sobre a velhice, nós o fazemos com a sensação de que nunca vamos envelhecer. Enquanto isso, formamos mentalidades sobre a relação entre um desempenho debilitante e a velhice. Quando despertamos para um eu velho, essas relações se tornam ameaçadoras, e os medos começam. Esses receios são inibidores e provavelmente vão desencorajar os mais velhos de tentar se aprimorar.

Crescer com a idade

A ideia de que o processo de envelhecimento e a deterioração fisiológica que o acompanha são resultados inevitáveis da passagem do tempo cria uma profecia que se autorrealiza. É difícil desafiá-la. Como vimos no Capítulo 2, o tempo na nossa cultura é considerado essencialmente um fenômeno linear. Enquanto muitos filósofos modernos rejeitaram o modelo linear de tempo em favor de uma variedade de outros conceitos, ele ainda restringe nossa visão do desenvolvimento humano. A maior parte de nós vê o envelhecimento como um processo no qual o corpo (e, consequentemente, a pessoa) inevitavelmente se deteriora, depois de atingir o auge de sua eficiência nos estágios anteriores da vida. No entanto, esse processo não se aplica no nível das partículas elementares ou unidades de energia. Em nível macroscópico parece haver uma dissolução gradual de organização para desorganização, um "envelhecimento", pode-se dizer, pelo menos em um sistema fechado. Mas quando olhamos para os átomos que compõem uma pessoa (velha ou nova), uma árvore ou um travesseiro, eles se mantêm os mesmos ao longo do tempo. As ciências comportamentais e sociais, no entanto, ainda estão muito entrincheiradas no conceito linear de tempo e em uma imagem associada de entropia universal.

Supõe-se que as habilidades cognitivas e a saúde física e psicológica estão curvilinearmente relacionadas à idade. Nessa perspectiva, o indivíduo cresce, amadurece e então vive seus anos de vida adulta se ajustando à diminuição das capacidades. Algumas culturas incorporam o aumento da sabedoria em seus registros do envelhecimento humano. Porém, esse crescimento continuado de sabedoria é, em geral, visto como um fluxo de desenvolvimento que é independente de um processo de declínio que está ocorrendo em outras áreas, ou ocorre em reação a ele.

Em uma visão alternativa possível do ciclo da vida, o caminho que percorremos do nascimento até a morte é uma série de minitrajetórias direcionadas aos objetivos, relativamente independentes uma da outra. Nessa perspectiva, o passado tem uma influência geral menor no comportamento. Em qualquer um desses trechos, a mente pode ser mais poderosa em formar o desenvolvimento.

É interessante notar que o termo *desenvolvimento* raramente é usado para descrever mudanças em idosos. Apesar da ênfase atual em uma perspectiva da expectativa de vida, a mudança que ocorre em pessoas mais velhas ainda é tipicamente descrita como *envelhecimento*. Da mesma forma, apesar de a palavra *dia* poder se referir ao período de 24 horas, nós costumamos usá-la para nos referir apenas às horas mais claras. *Envelhecimento* passou a descrever o lado mais escuro de crescer. Para fazer mudanças num momento mais avançado da vida, é preciso lutar contra todos os tipos de mentalidades populares.

Quando nos comportamos como autômatos, ou seja, quando nos apoiamos em categorias criadas no passado, os parâmetros do desenvolvimento parecem fixos. Somos como projéteis se movendo ao longo de uma trajetória predeterminada. Quando plenamente atentos, vemos todos os tipos de escolha e geramos novos parâmetros. O envolvimento consciente em cada episódio do desenvolvimento nos torna mais livres para mapear nosso próprio destino.

Recém-eleito, o presidente norte-americano Franklin D. Roosevelt entrou em contato com o juiz Oliver Wendell Holmes, que era mais velho, e lhe perguntou por que estava aprendendo grego (naquela idade). "Para melhorar minha mente, meu jovem", respondeu o juiz.

Uma das poucas informações sobre a fisiologia do cérebro que chamou a atenção de muitos leigos foi a perda de neurônios depois de certa idade. Qualquer sinal de esquecimento depois dos 30 anos tem grandes chances de ser atribuído a isso. Mas até mesmo esse "fato" científico pode não ser absoluto. Fernando Nottebohm estudou o renascimento dos neurônios no cérebro dos canários.[14] Sabendo que apenas os machos cantam, ele e seus colegas injetaram testosterona nas fêmeas. Elas também começaram a cantar. Nottebohm concluiu que, na presença da testosterona, novos neurônios se formariam quando os pássaros aprendessem as canções. Ele e Steven Goldberg então injetaram testosterona ou um tratamento de controle neutro nas fêmeas. Também injetaram um material de identificação radioativo que é incorporado ao DNA de divisão de células. Por trinta dias o processo foi repetido. Para sua surpresa, os pesquisadores descobriram um aumento enorme no número de neurônios nos dois grupos de pássaros, até mesmo as fêmeas que receberam o tratamento de controle, que não cantavam. Aliás, eles descobriram que esse renascimento dos neurônios ocorre nos pássaros adultos anualmente, ainda que a testosterona e o aprendizado de novas canções não tenham sido fatores relevantes.

Outra pesquisa com animais demonstra a possibilidade de desenvolvimento cerebral na vida adulta. Em primeiro lugar, muitos pesquisadores descobriram que o cérebro dos animais varia de acordo com a criação; animais criados em ambientes complexos têm mais material dendrítico que animais em grupos de controle.[15] (Um *dendrito* é a parte da célula nervosa que envia impulsos para o corpo celular.) Mais empolgante ainda é a descoberta de que a complexidade ambiental apresentada na *vida adulta* pode alterar a densidade do córtex.[16] A fisiologia, a química e a anatomia do cérebro são muito mais plásticas do que supúnhamos antes. Apesar da premissa de que envelhecer é um processo irreversível de declínio fisiológico, alguns tipos de funcionamento mental podem propiciar um novo crescimento nos tecidos.

A maior parte dos limites arbitrários que criamos em idade avançada não é baseada em informações científicas. Nossa própria imagem mental da idade, baseada em centenas de pequenos comprometimentos cognitivos precoces, vai formatar a vida que levamos no momento mais avançado da fase adulta. Antes de examinar estratégias específicas para mudar, vamos ver duas imagens mais positivas da velhice de um século anterior.

Lytton Strachey descreve a rainha Vitória antes dos setenta anos:

> No ano seguinte foi o quinquagésimo de seu reinado e, em junho, o esplêndido aniversário foi celebrado com pompa e solenidade. Vitória, cercada pelos mais altos dignitários de seu reino, escoltada por uma galáxia cintilante de reis e príncipes, foi conduzida através da multidão entusiasmada da capital para oferecer um agradecimento a Deus na Abadia de Westminster. [...] A rainha foi aclamada de imediato como a mãe de seu povo e como o símbolo incorporado de sua grandeza imperial, e reagiu ao sentimento duplo com todo o ardor de seu espírito. A Inglaterra e o povo da Inglaterra, Vitória sabia, Vitória sentia, eram, de algum modo maravilhoso e, no entanto, bastante simples, *dela*. Exultação, afeto, gratidão, uma profunda sensação de obrigação, um orgulho irrestrito – essas eram suas emoções; e, para colorir e intensificar o resto, havia mais uma coisa. Por fim, depois de tanto tempo, a felicidade – fragmentária, talvez, e carregada de gravidade, mas verdadeira e inequívoca mesmo assim – tinha voltado para ela.[17]

Os sentimentos que Strachey descreve não se restringem àqueles que governam o império britânico. A visita dos netos pode evocar em alguém emoções semelhantes.

A carta de William James para seu pai à beira da morte transmite a mesma visão respeitosa e admirada da idade – um enorme contraste às mentalidades descritas antes.

Enquanto isso, meu abençoado e velho pai, escrevo estas linhas (que podem chegar ao senhor, ainda que eu chegue tarde demais) apenas para lhe dizer quão pleno das memórias e dos sentimentos mais afáveis sobre o senhor meu coração esteve cheio nos últimos dias. Naquela misteriosa lufada do passado em que o presente logo vai mergulhar e voltar cada vez mais, a sua figura ainda é a central para mim. Toda a minha vida intelectual deriva do senhor; e ainda que muitas vezes tenhamos parecido estar em desacordo na expressão disso, tenho certeza de que há uma harmonia em algum lugar, e que nossos conflitos se combinam. Minha dívida para com o senhor vai além de todo o meu poder de estimar – tão antiga, tão penetrante e tão constante tem sido sua influência. Não é preciso sentir nenhuma ansiedade sobre seu espólio literário. Vou me certificar de que ele seja bem cuidado e de que todas as suas palavras não sofram por serem ocultadas. [...]
Quanto a nós, vamos seguir vivendo assim – nos sentindo um tanto desprotegidos, velhos como somos pela ausência de regaço paterno como refúgio, mas ainda mantendo junta aquela memória sagrada comum. Estaremos lado a lado e, ao lado de Alice, tentaremos passar a tocha para nossos filhos como o senhor fez conosco e, quando chegar o momento de sermos levados, rezo para que estejamos, se não todos, pelo menos um pouco, tão prontos quanto o senhor.[18]

Não podemos saber ao certo por que algumas pessoas envelhecem de modo plenamente atento, tampouco podemos saber se admirar visões de pessoas mais velhas vem de mentalidades positivas sobre o envelhecimento e da atenção plena. O que de fato sabemos é que modelos como esse ajudam todos nós a envelhecer um pouco melhor.

Colocar a idade em contexto: uma experiência

Se comprometimentos cognitivos precoces negativos levam a imagens não saudáveis do envelhecimento, podemos revertê-los e melhorar a saúde? Junto com um grupo de estudantes de pós-graduação de Harvard, desenvolvi um estudo para investigar essa questão.[19] Tentamos invocar em um grupo de idosos um estado mental que tivessem vivenciado vinte anos antes e ver se seus corpos também "retrocederiam" a um estado mais jovial. A tentativa podia ser vista como um experimento em controle de contexto. Recorremos à ajuda de homens idosos que concordaram em tentar se colocar em um contexto de tempo alterado e nos permitiram fazer medições físicas, bem como psicológicas. O corpo desses homens tinha de 75 a 80 anos, e nós encorajamos um estado mental de quando tinham 55. Sabíamos que isso não tinha sido feito antes, e *quaisquer* resultados positivos poderiam ser significativos, uma vez que a velhice é considerada uma via de mão única para a incapacitação. Mudanças fisiológicas demonstráveis confirmariam que fatores psicológicos contribuem com a maneira como os humanos envelhecem e se desenvolvem. Elas também forneceriam mais evidências de que o processo de envelhecimento é menos fixo do que a maioria das pessoas pensa.

Testamos nossa hipótese comparando os efeitos de duas experiências: em uma, os participantes fizeram uma tentativa psicológica de *ser* a pessoa que foram vinte anos antes; e no outro, os participantes apenas se concentraram naquele passado de vinte anos antes. Desenvolvemos o estudo de modo que, em termos do conteúdo, os dois grupos estivessem ocupados com pensamentos essencialmente similares. A principal diferença entre os dois que poderia representar uma diferença nos resultados seria o contexto em que as duas experiências ocorreram.

O contexto do grupo experimental foi a maneira como as coisas eram duas décadas antes, enquanto para o grupo de controle era o presente. O desafio era colocar o grupo experimental "no contexto" e então fazê-los seguir sua rotina de sempre.

Colocamos um anúncio em um jornal convocando homens com mais de 70 anos. Aqueles com uma saúde razoá- vel foram selecionados para participar da nossa pesquisa. Organizamo-nos para levá-los para um retiro no campo por cinco dias, onde seriam incentivados, por meio de acessórios e instruções, a reviver ou a ver o passado a partir do presente. Da mesma forma, para o primeiro grupo, qualquer conversa sobre o passado deveria ser conduzida no tempo verbal *presente*, enquanto, para o segundo, as conversas sobre o passado ocorriam no *pretérito*.

Diversas medições foram feitas antes que a semana experimental de fato começasse e mais uma vez no quinto dia. Algumas foram repetidas no decorrer da semana. Elas determinaram força física, cognição, paladar, audição, visão e limites de percepção. As medidas particulares usadas refletiram os "marcadores biológicos" recomendados pelos geriatras. (Curiosamente, esses médicos de renome afirmaram não haver marcadores claros.)[20] Os medidores incluíam: força na mão, largura bideltoide, dobra cutânea triciptal, comprimento dos dedos, peso, altura, andar e postura. Medimos a visão, com e sem óculos, e ministramos uma série de testes de labirintos impressos que avaliariam a rapidez de conclusão e a precisão. Em um teste de memória visual, foi pedido que os participantes olhassem para uma figura desenhada por dez segundos e então esperassem dez segundos antes de reproduzir essa figura de cabeça com lápis e papel. Finalmente, também pedimos a cada um para preencher um formulário de autoavaliação chamado SYMLOG que trata de valores e comportamento.[21]

Os participantes selecionados para o experimento receberam um pacote de informações pelo correio contendo um programa para a semana que mencionava testes, refeições, discussões, atividades de cada noite, instruções gerais, um mapa do retiro, incluindo a localização de seus quartos, e um pedido para os participantes não levarem revistas, jornais, livros nem fotos de família posteriores a 1959. Também já tínhamos solicitado fotos de cada participante em um passado recente e de vinte anos antes. O grupo que deveria reviver o passado recebeu as fotos em que cada membro aparecia como era vinte anos antes, enquanto o de comparação recebeu fotos recentes. As informações no pacote também incluíram sugestões detalhadas sobre que roupas levar.

No primeiro dia de orientação, os participantes escreveram uma breve nota autobiográfica. As instruções diziam: "Especificamente, a autobiografia deve descrever você (do que gosta, do que não gosta, suas atividades, seus trabalhos, suas relações, alegrias, preocupações etc.) como se estivesse mais ou menos vinte anos atrás. Aliás, por favor, concentre-se em 1959. Por favor, note que é importante ser exato. Então, comece com o dia em que você nasceu e avance até o presente". Essas orientações foram as mesmas para ambos os grupos. No entanto, o grupo experimental também recebeu a seguinte instrução: "Escreva (e fale) no *presente* sobre o passado. Lembre-se de que o 'presente' significa 1959. Então não inclua nada da sua história que tenha acontecido depois dessa data". Enfatizamos a importância disso antes do início do experimento, uma vez que falar no presente sobre o passado seria nossa estratégia principal.

Os participantes chegaram cedo à Universidade Harvard na primeira manhã. Depois de serem apresentados uns aos outros, pedimos que comparecessem a uma pequena reunião de orientação. Dissemos a eles que um dos propósitos do nosso estudo de reminiscência era reunir informações sobre as pessoas no fim da casa dos 50 anos e afirmamos acreditar que uma forma de obter material novo sobre esse grupo etário seria questionar pessoas mais velhas sobre sua experiência num período anterior da vida. Explicamos que, para encorajar a memória das histórias pessoais, queríamos reunir pessoas similares.

Enquanto alguns participantes estavam sendo avaliados para os medidores médicos, outros foram fotografados. Foi pedido que os participantes, individualmente e em diversos momentos, entrassem em uma sala diferente para pegar outro questionário. Seu andar e sua postura foram filmados conforme entravam nas salas.

Depois desse pré-teste, os homens foram agrupados para os comentários da orientação final antes de seguir para o retiro. O grupo de controle foi orientado mais uma vez a se concentrar no passado. Pedimos para se ajudarem com isso. E lhes dissemos que tínhamos motivos para acreditar que as discussões que tínhamos planejado para eles, aliadas a outras atividades, que seriam realizadas em um lindo ambiente, poderiam ter efeitos muito positivos para eles. Os participantes podiam melhorar sua saúde física, bem como seu bem-estar psicológico. "Aliás", dissemos, "vocês podem se sentir tão bem quanto se sentiam em 1959."

Por outro lado, os comentários da orientação para o grupo experimental enfatizaram que a melhor forma de aprender sobre o passado podia não ser pela simples reminiscência. Em vez disso, deveríamos tentar voltar o mais completamente possível em nossa mente para aquele período. "Portanto, vamos juntos para um lindo retiro onde vamos viver como se fosse 1959. Obviamente, isso significa que ninguém pode discutir nada que aconteceu depois de setembro de 1959. É sua tarefa ajudar uns aos outros a fazer isso. É um trabalho árduo, uma vez que não estamos pedindo que 'ajam como se fosse 1959', mas que se deixem *ser* quem vocês eram em 1959. Temos boas razões para crer que, se conseguirem fazer isso com sucesso, vão se sentir tão bem quanto se sentiam naquele ano." Foi dito a eles que *todas* as atividades e conversas deveriam refletir o "fato" de que é 1959. "Pode ser difícil no começo, mas quanto antes se entregarem, mais divertido vai ser." Também levamos esse grupo a esperar efeitos positivos do retiro.

Também foi pedido a todos os participantes que usassem as fotos que receberam para ajudá-los a se conhecer. Assim, os participantes no grupo experimental procuraram a pessoa vinte anos mais jovem uns nos outros. Então, os homens no grupo experimental embarcaram na *van* rumo ao retiro. Ao partir, nós os lembramos de que, assim que eles seguissem para o retiro, seria 1959. Nesse espírito, uma fita de música popular daquele ano, junto com comerciais de produtos da época, foi tocada no "rádio" da *van*.

Na semana seguinte, o grupo de controle seguiu para o retiro ouvindo programas atuais de rádio.

O retiro está localizado em cerca de dez acres de colinas cobertas de árvores saindo da estrada principal – um mundo em si. Como os homens tinham diferentes origens étnicas, todos os objetos religiosos nos prédios do retiro foram removidos; o que restou foi um pano de fundo atemporal para o nosso estudo. Levamos muitos acessórios para o grupo experimental, incluindo revistas como *Life* e *The Saturday Evening Post* da mesma semana de 1959, e as colocamos no quarto de cada participante. Para o grupo de comparação, também havia revistas antigas disponíveis, mas de diversos anos anteriores, não apenas daquela semana específica de 1959.

O programa consistiu, em parte, em discussões estruturadas duas vezes por dia, seguidas de almoço e outra discussão. O jantar e o tempo livre à noite eram seguidos de uma atividade planejada. As discussões eram sobre tópicos bem definidos, conduzidas por moderadores preparados com antecedência. Cada uma começava com uma fita de áudio de três minutos sobre o passado tocada em um aparelho antigo (para o grupo experimental) e um aparelho novo (para o grupo de controle). Os participantes recebiam na noite anterior as questões a serem discutidas no dia seguinte. Depois da transmissão de rádio, o moderador promovia a conversa por 45 minutos. Para o grupo experimental, as discussões eram realizadas no presente, enquanto o grupo de comparação era livre para debater os temas no tempo passado. Cada tópico tinha sido inserido na atividade da noite anterior, o que ajudava a fornecer um contexto para a lembrança.

Um bom filme de 1959 foi exibido na primeira noite, *Anatomia de um crime*. Logo depois da sessão, os participantes

receberam cópias das questões a serem debatidas no dia seguinte. O formulário dizia: "Dois dos filmes que estavam concorrendo ao Oscar de 1958 eram *A mulher do século* e *Gata em teto de zinco quente*. Qual era melhor e por quê?".
Os homens foram questionados sobre os filmes. Então começava a segunda discussão do dia, que tinha a ver com esportes: "Dos nomes a seguir, quem você considera o melhor jogador? Por quê? Bill Russell, Johnny Unitas, Mickey Mantle, Wilt Chamberlain, Floyd Patterson, Ted Williams, Frank Gifford, Bob Cousy, Warren Spahn, Maurice Richard".
Uma noite, os homens participaram de um jogo, uma versão do antigo *game show The Price Is Right*.* Queríamos ver se eles dariam os valores de 1959 ou os preços atuais para os itens apresentados. No dia seguinte, os homens tiveram uma conversa sobre questões financeiras. À tarde, ouviram um discurso do presidente norte-americano Eisenhower e falaram sobre política. Naquela noite, o entretenimento se deu com música ao vivo, seguida de uma discussão na manhã seguinte sobre música. Finalmente, naquela tarde, o grupo conversou sobre comédias de televisão do passado, como *I Love Lucy*, *The Honeymooners* e *Sergeant Bilko*.
No fim da tarde do quarto dia de retiro e na última manhã, todas as avaliações físicas e psicológicas foram feitas de novo. Um teste de tempo de reação foi acrescentado para medir a rapidez com que conseguiam recordar

---

* *Game show* que consistia em adivinhar o preço de itens do varejo, cotidianos ou não. [N.T]

pessoas que eram bastante conhecidas em 1959. Pedimos aos participantes para olhar para uma apresentação de dez *slides*, em sequência, cada um contendo uma figura de destaque: Thomas Dewey, Phil Silvers, Jackie Gleason, Groucho Marx, Elvis Presley, Nikita Khrushchev, Milton Berle, Ethel Merman, Fidel Castro e Douglas MacArthur. Para cada *slide*, eles foram instruídos a apertar um marcador de reação assim que recordassem a pessoa em questão. Se, depois de dez segundos, o participante não se lembrasse da figura, ele recebia uma penalidade de dez segundos e recebia a orientação de se preparar para a imagem seguinte. Quando apertavam o marcador pedia-se que os participantes identificassem o personagem. Fizemos a previsão correta de que o grupo experimental teria um desempenho mais rápido e certeiro do que o de controle, uma vez que, para esse primeiro grupo, as pessoas pareciam mais familiares.

Também no último dia, o andar e a postura dos homens foram filmados para comparação com as fitas anteriores. As discussões foram filmadas para ver como a participação ativa e a facilidade de conversar no tempo presente sobre o passado mudaram ao longo da semana. As refeições foram registradas para documentar a quantidade e com que vigor os homens comeram e se eles pegavam o que queriam da cozinha sem esperar para serem servidos, se limpavam a própria sujeira e assim por diante.

Nossos resultados recaíram em duas categorias. Na primeira, havia medidores em que tanto o grupo experimental quanto o de controle demonstraram uma melhoria significativa ao final do experimento quando comparados ao nível de desempenho de seu ponto de referência em casa antes do experimento. Essas diferenças entre antes e depois são dignas de nota, uma vez que contrastam com os *decrescimentos* psicológicos e físicos que costumamos associar ao envelhecimento. A mudança de contexto nesse estudo parece ter gerado uma melhora generalizada desses medidores.

Os homens como um todo pareceram por volta de três anos mais jovens depois do experimento. Avaliadores independentes analisaram retratos faciais dos participantes no começo e no fim do estudo. Ainda que a luz e a impressão se mantivessem constantes, os participantes pareceram mais jovens ao final daquela semana. Eles também revelaram uma tendência uniforme de melhora na audição. A melhora no funcionamento psicológico ficou evidente em ambos os grupos com seu desempenho regularmente mais eficiente na tarefa mnemônica ao longo do experimento.

Os homens dos dois grupos se alimentaram bem e, para o bem ou para o mal, ganharam em média 1,5 quilo naquela semana. Dobras cutâneas bideltoides e triciptal aumentaram (ainda que fosse esperada uma diminuição, uma vez que as pessoas em geral são menos flácidas quando são mais jovens). E, finalmente, a força manual teve um aumento regular ao longo da semana em ambos os grupos. No segundo dia, os homens estavam ativamente envolvidos em servir as próprias refeições e cuidar da limpeza quando acabavam. Foi uma mudança considerável em relação à clara dependência dos parentes que inicialmente os levaram para o estudo. Todos estavam agindo de modo independente praticamente desde o momento em que chegaram ao retiro. Muitas dessas mudanças talvez ocorressem se os idosos tivessem apenas tirado férias. Não conseguimos encontrar um grupo de comparação "de férias" análogo, tampouco conseguimos, na época, custear a vinda de outros grupos para o retiro a fim de descobrir que outros fatores poderiam desencadear os mesmos resultados. Não temos como saber ao certo a que atribuir essas mudanças. Participantes em ambos os grupos se alimentaram bem e dormiram bem, provavelmente melhor do que costumavam fazer em casa. Eles foram tratados com mais respeito e receberam mais responsabilidade do que é típico para os mais velhos. Aliás, desde o início, foram inseridos em uma situação diferente da que conheciam anteriormente. Quando o grupo de comparação chegou ao retiro, os alunos de doutorado e pós-doutorado que estavam ajudando no experimento por acaso estavam em algum lugar coletando o equipamento, então não havia ninguém para ajudar com a bagagem. Olhei para todas as malas. Preocupada com a perspectiva de carregá-las eu mesma, disse-lhes que eles próprios poderiam levá-las para o quarto devagar ou abrir as malas onde estavam e levar os itens um pouco por vez se necessário. O que quer que tivessem decidido, eles ficaram encarregados de lidar com a própria bagagem. Foi uma grande mudança em relação ao excesso de proteção e ajuda a que estavam acostumados.

Talvez o mais importante seja que esses idosos foram encorajados a assumir uma boa dose de controle em relação à própria vida. Outra pesquisa que já discutimos sugere que essa variável de fato é poderosa.[22] Fazer exigências aos mais velhos, como aconteceu aqui, pode muito bem ter sido um grande fator na reversão de muitas debilidades da velhice para todos os participantes.

As diferenças entre os dois grupos foram de marcantes a sugestivas. Nossa medição de flexibilidade nas articulações e comprimento dos dedos aumentou num grau significantemente maior para o grupo experimental em relação ao de controle. Aliás, a extensão do dedo aumentou em mais de um terço para o primeiro grupo e se manteve a mesma para os demais, enquanto um terço do grupo de comparação apresentou uma piora nesse medidor. Também houve um maior crescimento na altura quando sentado para o grupo experimental do que para o de controle. Eles também ganharam mais peso e tiveram aumentos maiores na dobra cutânea triciptal e na largura bideltoide. O desempenho nos labirintos, nossa medida de destreza manual, também revelou uma diferença entre os dois grupos. Os participantes do grupo experimental demonstraram maior destreza manual. Seus erros diminuíram, enquanto o número médio de erros do grupo de comparação aumentou. Ao testar a visão sem óculos, o olho direito melhorou para o grupo experimental e piorou um pouco para o grupo de comparação.

Além dessas mudanças físicas, descobrimos melhoras nos testes psicológicos. A mais importante ocorreu nos testes de inteligência (símbolos digitais, teste de substituição). Mais uma vez, o grupo experimental como um todo apresentou uma melhora, enquanto o desempenho do grupo de controle piorou levemente com o tempo. Bem mais da metade do grupo experimental melhorou, enquanto o desempenho de um quarto dos participantes do grupo de controle caiu.

Mas nem tudo foi melhor no grupo experimental. Enquanto o de controle avançou mais na direção da camaradagem e da expressividade emocional, o grupo experimental se avaliou como cada vez menos amistoso. (Isso pode ser um reflexo do fato de que eles tiveram que se empenhar um pouco mais para manter a orientação de tempo do que os demais.)

Tomados em conjunto, esses resultados são impressionantes, se pensarmos como quase todos nós olhamos para o envelhecimento. Mudanças de todos os tipos, a maioria positiva, foram encontradas nesses homens numa idade em que o crescimento e o desenvolvimento são considerados estagnados ou em declínio.

Recentemente, conforme pensava mais nesses resultados, eu me dei conta de que a própria estrutura do estudo talvez pudesse ter refletido um preconceito de idade. Por que pensamos que uma pessoa de 75 anos gostaria de ter 50 de novo? Alguém de 40 anos aprecia sua experiência e sua consciência madura. Podemos aceitar que ele pode não abrir mão voluntariamente de sua identidade atual para voltar a ser a pessoa que era aos vinte. Da mesma forma, uma pessoa de 75 anos pode não estar disposta a retornar completamente ao mundo dos 50, ainda que parte da saúde e da força do passado possa ser desejável.

O formato do nosso estudo, no entanto, foi motivado não apenas pela hipótese de que o estado do corpo de uma pessoa pode ser "revertido" se conseguirmos levar sua mente de volta aonde estava vinte anos antes, mas por uma hipótese alternativa. Esta presumia que foi preciso uma grande medida de atenção plena para os homens em ambos os grupos participarem dessa experiência nova, mas um grau maior foi necessário para o grupo experimental, uma vez que ele teve que acatar uma série de instruções que eram mais elaboradas do que as dadas ao grupo de controle.

Se foi essa atividade mais consciente o que ocasionou nossos resultados, então, em princípio, *qualquer* atividade intensa de atenção plena poderia servir para obter nossos resultados (por exemplo, compor uma ópera, como Verdi fez quando estava na casa dos 70). Em todo caso, especialmente à luz de todas as pesquisas discutidas anteriormente, a questão maior é que alguns dos sinais de envelhecimento "irreversíveis" ativamente avaliados foram alterados em decorrência da uma intervenção psicológica.[23]

Os ciclos regulares e "irreversíveis" do envelhecimento que testemunhamos em estágios avançados da vida humana podem ser um *produto* de certos pressupostos de como alguém deve envelhecer. Se não nos sentíssemos compelidos a sustentar essas mentalidades limitadoras, talvez tivéssemos uma chance maior de substituir anos de declínio por anos de crescimento e propósito.

7

Incerteza criativa

> Existe uma antiga história sobre dois homens em um trem. Um deles, ao ver algumas ovelhas sem pelagem em um campo, disse: "Essas ovelhas acabaram de ser tosquiadas". O outro olhou por mais um instante e então comentou: "Parecem ter sido – deste lado". É com tal espírito cauteloso que deveríamos dizer o que quer que tenhamos a dizer sobre os funcionamentos da mente.
>
> —John Holt, *How Children Learn*

Se o estranho rico que precisava de um pedaço de madeira de cerca de noventa centímetros por dois metros do Capítulo 2, tivesse simplesmente soltado as dobradiças da própria porta da frente, observadores da caça ao tesouro talvez pensassem: "Que solução criativa!". Muitas, senão todas, das qualidades que compõem uma atitude plenamente atenta são características das pessoas criativas. Aqueles que conseguem se libertar de mentalidades antigas (como o homem no trem), que conseguem se abrir para surpresas e novas informações, brincando com a perspectiva e o contexto, e se concentrando no processo em vez de no resultado, têm mais chances de ser criativos, quer sejam cientistas, artistas ou cozinheiros.

Atenção plena e intuição

Em geral, quando a criatividade está em discussão, essas qualidades próprias da atenção plena surgem com outros nomes. Vamos pegar a intuição, por exemplo. Um cientista que exercita a intuição muito provavelmente está se soltando de antigas mentalidades e categorias ou prestando atenção ao significado de um resultado surpreendente.

Assim como é mais fácil compreender a atenção plena descrevendo primeiro seu oposto, a intuição é mais facilmente definida se comparada ao pensamento racional ou à lógica. "É pela lógica que provamos. É pela intuição que descobrimos", afirmou o matemático Henri Poincaré.[1] Ao lidar com o mundo racionalmente, nós o mantemos constante, por meio de categorias formadas no passado. Pela intuição, por outro lado, compreendemos o mundo como um todo, num fluxo.

Imagine-se tentando descrever um riacho. Um riacho nunca é o mesmo. Água nova corre, desgastando, pouco a pouco, as margens. De um momento para o outro, ele é diferente. Para falar sobre um riacho, precisamos encontrar um aspecto constante nele. Para desempenhar qualquer operação racional em relação ao riacho, precisamos considerá-lo imutável, tratá-lo como se fosse sempre o mesmo. Tanto a linguagem quanto os processos racionais mantêm a experiência constante. Para se comportar de modo racional, são usadas categorias formadas no passado. "Encontro você no riacho ao qual fomos ontem." Podemos mapear seu curso a partir de hoje, medir sua acidez em um determinado ponto. Toda vez o tratamos como o mesmo riacho. Um artista ou escritor, no entanto, talvez decida não o ver como imutável, mas apenas vivenciar sua natureza dinâmica, sentar-se às suas margens e se abrir para sua "riachez". Chamamos essa abordagem de plenamente atenta ou intuitiva; ela contorna categorias antigas e o pensamento racional. A dançarina Isadora Duncan, cuja arte é, por definição, movimento e mudança, declarou: "Se eu pudesse dizer o que significa, não faria sentido dançá-la".[2]

De uma experiência intuitiva do mundo vem um fluxo contínuo de distinções novas. A compreensão puramente racional, por outro lado, serve para confirmar antigas mentalidades, categorias rígidas. Artistas, que vivem no mesmo mundo que o resto de nós, passam longe dessas mentalidades para nos fazer ver coisas novas. Recentemente, participei de uma palestra do fotógrafo Joel Meyerowitz. Para minha surpresa, a palestra foi sobre atenção plena. Ele não usou esse nome, mas para mim sua fala foi uma lição sobre como se manter aberto às experiências. Quando Meyerowitz falou sobre o oceano, descrevendo a maneira como a luz atingia as partes inferiores das ondas, que quebravam e voltavam para o mar, minha antiga categoria de "onda" se rompeu em um amontoado de novas impressões. Voltei para a praia e procurei todos os tipos de onda, suas partes e seus padrões.

Ele também descreveu os fotógrafos amadores que se aglomeram no Grand Canyon. Ao chegar à beira desse famoso marco, eles se movem, procurando um sinal que diga "fotografe aqui". Com uma imagem predeterminada e rotulada GRAND CANYON em mente, que os cega para o que está ali, eles buscam o único ponto "certo" para ficar. Ao orientar a plateia de que esse local não existe e de que eles poderiam procurar o que quer que lhes fosse "significativo", Meyerowitz estava encorajando uma abordagem plenamente atenta aplicável a muito mais do que à fotografia.

Quando nossa mente se fixa em algo ou em uma forma de fazer as coisas, determinadas de modo automatizado no passado, nós obscurecemos a intuição e deixamos de ver boa parte do mundo presente à nossa volta. Se Arquimedes estivesse com a mente fixa apenas em tomar banho, provavelmente não teria descoberto o deslocamento da água. Ao se manter livre de mentalidades, mesmo que apenas por um instante, podemos nos abrir para enxergar com clareza e profundidade.

> Enquanto, com um olho aquietado pelo poder
> Da harmonia e pela profunda força da alegria,
> Vemos por dentro a vida das coisas.

Nesses versos de "Tintern Abbey", o olho aquietado de Wordsworth reflete outra qualidade que conecta a intuição com a atenção plena. Ambas são relativamente naturais. Ambas são atingidas escapando da batalha pesada e obstinada da vida mais costumeira.

Bach também falou do fluxo natural das ideias musicais. Quando perguntado como ele encontrava suas melodias, o compositor respondeu: "O problema não é encontrá-las, é – ao acordar de manhã e levantar da cama – não pisar nelas".[3]

Em um estado intuitivo ou plenamente atento, novas informações – como novas melodias –, têm permissão para adentrar a consciência. Essas novas informações podem estar cheias de surpresas e nem sempre "fazem sentido". Se resistimos, e as avaliamos em termos racionais, podemos silenciar uma mensagem vital. No outono de 1941, durante os bombardeios aéreos, conta-se que Churchill muitas vezes saía tarde da noite em um carro oficial para visitar baterias antiaéreas. Certa vez, ele estava pronto para deixar um local, quando um auxiliar abriu uma das portas de trás do carro. Churchill, no entanto, deu a volta no automóvel e embarcou pela outra porta. Pouco depois disso, uma bomba explodiu, quase fazendo o carro capotar. "Deve ter sido o meu peso do outro lado que o puxou para baixo", Churchill comentou. Quando sua esposa perguntou por que ele decidiu sentar do outro lado do carro, o primeiro-ministro respondeu: "Alguma coisa me disse: 'Pare', antes que eu chegasse à porta que estava aberta para mim. Então pareceu que me foi dito para abrir a porta do outro lado, entrar e sentar ali. E foi o que fiz".[4]

Não sabemos se esses episódios representam a intuição – uma sintonia com a informação não notada pela maioria das mentes conscientes – ou apenas coincidência. Em todo caso, um respeito pela intuição e pela informação que pode vir até nós de modos inexplicáveis é parte importante de qualquer atividade criativa. "Se o homem deve usar suas capacidades ao máximo e com a confiança que se adeque aos seus poderes, ele não tem alternativa além de reconhecer a importância e o poder dos métodos intuitivos em todos os campos de pesquisa – literatura e matemática, poesia e linguística."[5]

Criatividade e aprendizado condicional

No Capítulo 2, vimos como ensinar os fatos como verdades absolutas pode levar ao automatismo. Boa parte da minha pesquisa explora o melhor lado desse cenário: o encorajamento à criatividade por meio do ensino de modo condicional. Na maioria dos ambientes educativos, os "fatos" do mundo são apresentados como verdades incondicionais, quando seria melhor que fossem vistos como declarações de probabilidades que são verdadeiras em alguns contextos, mas não em outros. O que acontece quando essa incerteza tem permissão para surgir? A informação incerta se torna mais acessível para nós mais tarde, quando o contexto mudou?

Alison Piper e eu realizamos alguns experimentos para explorar essa questão.[6] Apresentamos uma coleção de diferentes objetos que, para um grupo, identificamos de modo costumeiro e incondicional e, para o outro, em termos condicionais. Por exemplo, dissemos para o primeiro grupo: "Isto é um secador", "Isto é uma extensão", "Isto é um brinquedo para os cachorros morderem". Para o grupo condicional, apenas acrescentamos "pode ser": "Isto pode ser um secador" e assim por diante, sugerindo implicitamente que, em algumas circunstâncias, o objeto pode ser visto de maneiras diferentes. Depois que todos foram apresentados, distribuímos formulários para os participantes preencher. Ao dar as instruções, nós deliberadamente cometemos alguns erros. Então anunciamos que não poderíamos concluir o estudo porque os formulários originais foram preenchidos de modo errado e não tínhamos mais cópias. Na realidade, criamos uma necessidade urgente de uma borracha para corrigir nosso erro.

Como o brinquedo para cachorros era um pedaço de borracha limpa de formato não familiar, ele deu conta do recado muito bem. No entanto, apenas aos participantes a quem o brinquedo foi apresentado de modo condicional ocorreu usá-lo desse novo jeito.

O que acontece na cabeça das pessoas quando aprendem que "isso pode ser..."? Elas estão de fato aprendendo de modo condicional ou, em vez disso, estão dizendo para si mesmas que "pode ser" significa "não sei o que *é*, mas talvez seja X". Imagine ler um jornal e derrubar chocolate quente nele, de modo que você não consiga distinguir uma letra (pode ser um *r* ou um *n*); as escolhas não são ilimitadas. Se for isso que estiver acontecendo, e as pessoas ainda tiverem preconcepções sobre a identidade do item, então nosso experimento, mesmo que ainda interessante, não necessariamente nos diz como promover um tipo de atenção plena duradoura. O estudo demonstrou que essa incerteza resultou em soluções mais criativas do que a certeza, e não que as pessoas podiam ter mais incertezas. Para testar essa possibilidade, realizamos um estudo semelhante, mas com dois importantes acréscimos.

Primeiro, além dos participantes para quem os objetos foram apresentados de modo condicional e daqueles a quem foram apresentados de modo absoluto acrescentamos um terceiro grupo, que podemos chamar de "temporariamente condicional". Apresentamos cada objeto dizendo: "Não sei o que *é* isto, mas poderia ser...". Em segundo, após criar uma necessidade incomum a que um dos objetos poderia atender, criamos outra necessidade. Se as pessoas pudessem aprender sobre coisas não familiares de modo verdadeiramente condicional, elas então poderiam enxergar muitos usos possíveis para aquilo. Por exemplo, outro objeto de borracha, uma boia para tanque de descarga, foi usado como bola e depois como borracha. O grupo para quem foi dito "não sei o que *é* isso, mas poderia ser uma boia de descarga" pensou em usar a peça de borracha como bola, mas, quando a viu como uma bola, a maior parte deles o fez de modo absoluto. Isto é, a identidade do objeto deixou de ser condicional. Eles não pensaram em usá-lo de um jeito novo. Claro, tampouco o fez o grupo absoluto ("é").

Os resultados do grupo que conheceu o objeto de uma forma totalmente condicional corroboraram nossa previsão.

Pelo menos duas vezes mais pessoas desse grupo, assim como em qualquer um dos demais, pensou de maneira a atender à segunda necessidade. Foi como se esse grupo condicional tivesse passado a ver que as pessoas criam utilidades para os objetos. Um uso não é inerente a um objeto, independente das pessoas que o estejam usando. O uso bem-sucedido do objeto depende do contexto em que é usado. (Observação: pode ser interessante notar que os preços são criados junto com os usos. Quando um pedaço de couro cru ou um pedaço de borracha se torna um "brinquedo de morder para cachorros", seu valor aumenta.)

Vamos comparar esse modo condicional de aprendizado com a maneira como costumamos aprender. Peguemos uma lata de suco de laranja que foi lavada até não sobrar nenhum vestígio de suco nela. Vamos cobri-la com papel colorido e enchê-la de lápis. Para alguns, ela ainda *é* uma lata de suco de laranja sendo usada como porta-lápis. Para aqueles treinados de modo condicional, nesse contexto atual, ela seria mais um porta-lápis do que uma lata de suco, ainda que amanhã ela possa ser um vaso.

A incerteza pode ser mais natural para alguns de nós do que para outros. Vamos considerar uma pessoa com dislexia, para quem a informação perceptual muitas vezes é distorcida. Ela pode não ter certeza, por exemplo, se um *d* visto numa página impressa de fato é um *d* ou um *b*. Indivíduos com essa incerteza têm menos probabilidade de subestimar o mundo e tratá-lo como autômatos. Para avaliar isso, fizemos o mesmo experimento condicional/absoluto de antes, mas com estudantes disléxicos, bem como com um grupo de controle de estudantes não disléxicos. Para metade de cada grupo, os objetos dos experimentos anteriores foram apresentados de modo condicional, para a outra metade, não condicional.

Mais uma vez, encontramos uma reação mais plenamente atenta ou criativa no grupo condicional normal do que no não condicional. No entanto, mais interessante foi a descoberta de que as pessoas disléxicas tenderam a ser mais conscientes mesmo numa situação de aprendizado explicitamente não condicional.[7] Claro que esse experimento demonstrou apenas uma forma de ensinar condicionalmente.

Teresa Amabile estudou a criatividade em um grupo de alunos de pré-escola.[8] Ela pediu para as crianças fazerem colagens e as dividiu aleatoriamente entre um grupo no qual foram encorajadas a escolher os materiais de arte que usariam e, em outro, no qual usariam os materiais escolhidos pela pesquisadora. Depois que acabaram, avaliadores que não sabiam qual grupo estavam analisando consideraram que as colagens dos estudantes que selecionaram seus próprios materiais foram feitas com maior criatividade.

Esses resultados podem ser explicados de pelo menos duas formas. A primeira, a escolha nos faz sentir mais responsáveis pelo que estamos realizando; as crianças que tiveram escolha talvez tenham se importado e se esforçado mais. Selecionar os materiais – fazer comparações – também nos força a definir distinções de maneira plenamente atenta. Isso encoraja uma visão condicional, uma ideia de possibilidade. Por exemplo, ao escolher entre duas cores, a criança pode pensar mais sobre o que pode ser feito do que se simplesmente recebesse uma cor. Dessa forma, a escolha encoraja a atenção plena.

O ensino pode ser feito de modo muito mais condicional do que apenas oferecer uma escolha de materiais de arte. Costuma-se ensinar às crianças que "isto é uma caneta", "isto é uma rosa", "isto é um carro". Supõe-se que a caneta deva ser reconhecida como tal de modo que uma pessoa possa realizar a atividade de escrever. Também é considerado útil para a criança formar a categoria "caneta". Mas vamos considerar uma alternativa: o que acontece se instruirmos a criança de que "isto *pode ser* uma caneta"? A afirmação condicional, por mais simples que pareça, é um afastamento radical de dizer para a criança "isto *é* uma caneta". E se uma série de objetos domésticos banais for apresentada de modo condicional: "Isso pode ser uma chave de fenda, um garfo, um lençol, uma lupa"? Essa criança estaria mais apta a sobreviver em uma ilha deserta (quando o garfo e a chave de fenda podem fazer as vezes de estacas para a tenda feita com o lençol, perto do fogo criado pela lupa)? Ou vamos imaginar o impacto de um divórcio em uma criança a quem foi ensinado desde o início que "uma família é uma mãe, um pai e o filho" *versus* "uma família pode ser...".

Alguns podem argumentar que ensinar as crianças sobre a condicionalidade do mundo é torná-las inseguras. Essa crença pode ser resultado de uma comparação equivocada. Se o mundo fosse estável e ensinássemos estabilidade, isso talvez de fato fosse melhor do que ensinar de modo condicional. A comparação apropriada, no entanto, parece ser entre ensinar verdades absolutas quando os "fatos" são condicionais *versus* ensinar condicionalmente quando os fatos são condicionais. As crianças que aprenderam que "isso pode ser" vão crescer e se tornar adultos inseguros? Ou serão mais confiantes em um mundo de mudança do que aquelas criadas com verdades absolutas? Desde a infância, eu como salada de atum. Até chegar à casa dos 20 anos, no entanto, nunca me ocorreu, uma nova-iorquina de classe média, que "atum" era um peixe como qualquer outro, rotulado de "atum". Nunca me ocorreu que alguém pudesse substituir o atum por qualquer outro peixe e criar, por exemplo, a salada de anchova ou a salada de peixe-espada. Claro, se me perguntassem: "Quais são todas as maneiras de preparar uma anchova?", eu talvez tivesse inventado uma salada de anchova. Mas a surpresa que tive na primeira vez que me serviram uma salada de peixe que não era atum me fez sentir boba por não ter me dado conta antes de que o atum é só mais um dentre muitos peixes. Também me fez perceber a força dessas mentalidades. Mesmo nos detalhes menores e mais banais da vida, estamos confinados pela maneira incondicional que aprendemos na infância. (Eu me pergunto o que mais saberia se tivesse me ocorrido perguntar.)

Aprendemos regras antes de termos a chance de questioná-las. A regra é "alimente em caso de resfriado e não alimente em caso de febre" ou "alimente em caso de febre e não alimente em caso de resfriado"? Já estive entre adultos debatendo veementemente essa questão, sem se perguntar de onde esse ditado pode ter se originado, ou o que os conhecimentos médicos atuais teriam a dizer sobre o assunto. Se você aprende alguma coisa de modo absoluto, isso deve estar absolutamente correto. (Nesse caso, ambas as frases podem estar certas se o que se pretendeu dizer desde o início foi "se você comer em caso de resfriado, vai esgotar a febre" ou "se você não comer em caso de resfriado, vai abastecer a febre".)

Uma conexão intrigante, ainda que hesitante, entre a criatividade e um grau de incerteza em experiências no começo da vida pode ser encontrada em um conhecido estudo de 1961 sobre as diferenças entre criatividade e inteligência. Jacob Getzels e Philip Jackson deram a um grupo de crianças em idade escolar um teste de QI convencional e outro desenvolvido para medir a "criatividade".[9] O segundo media cinco tipos de habilidade: (1) associação de palavras – foi pedido que os alunos dessem o máximo de definições possível para palavras de estímulo (como *disparar, berrar*); (2) encontrar diferentes usos possíveis para coisas – quantas maneiras possíveis de usar um tijolo, por exemplo: como um aquecedor de pés, uma arma, um peso de papel, para construção, um degrau, um apoio de livros, uma base, uma fonte de pó vermelho; (3) encontrar formatos ocultos em formas geométricas complexas; (4) fábulas – foi pedido que os estudantes criassem finais "moralistas", "bem-humorados" e "tristes" para cada uma de quatro fábulas; (5) inventar problemas – os alunos foram instruídos a desenvolver o máximo de problemas matemáticos que pudessem ser resolvidos com informações fornecidas em textos. O sucesso em todas essas tarefas foi medido pelo número, pela novidade e pela variedade de respostas. (As vantagens de uma educação condicional nos testes desse tipo podem ficar aparentes de imediato.) Getzels e Jackson então compararam a formação dos que obtiveram os melhores resultados no teste de criatividade com a daqueles cujos teste de QI foram mais altos. Eles descobriram que os pais do grupo de QI alto tendiam a ter um maior grau de instrução. As mães desse grupo eram mais estereotípicas nas descrições que faziam de si mesmas, demonstravam muito mais preocupação com as classes sociais e com a segurança e o *status* financeiros. Em termos da nossa discussão sobre atenção plena, elas pareceram ter mentalidades mais rígidas. As mães dos participantes mais criativos descreveram a própria família em termos mais gerais/emocionais, fizeram descrições mais completas e pareceram ter sentido uma preocupação pessoal muito menor com finanças em sua formação, qualquer que fosse a situação. É especialmente interessante em termos da nossa discussão de criatividade e aprendizado condicional a observação dos investigadores de que as mães do grupo altamente criativo demonstraram muito mais incertezas sobre suas práticas de criação dos filhos.

O estudo de Getzels e Jackson sugere uma ligação entre a inteligência, como medida por testes de QI, e a conformidade às normas da cultura e suas instituições: família, escola, área profissional e assim por diante. A origem dos estudantes mais criativos parecia possibilitar mais inconformismo. Alguns alunos considerados mais criativos foram descritos como inconformistas. Essa observação é corroborada por nossos estudos de atenção plena e desvio comportamental descritos no Capítulo 8.

Depois de chegar à faculdade, encontramos o ensino condicional. Aprendemos *teorias*, *modelos*, *hipóteses*, não apenas "fatos". Teorias e variações do tema são implicitamente condicionais e declarações explícitas de incerteza, pelo menos por definição e, pelo menos, por enquanto. Talvez depois elas se tornem leis. Mesmo assim, descobrimos que, se um modelo teórico é apresentado de modo absoluto, ele vai ser considerado absoluto, e o estudante pode, daí em diante, tratá-lo com rigidez.

Em 1986, Jennifer Joss e eu testamos em estudantes os efeitos de apresentar um modelo teórico em termos absolutos ou condicionais.[10] Alunos de graduação de Harvard e Stanford receberam uma aula escrita sobre desenvolvimento urbano. O texto tratava da maneira como os bairros das cidades evoluem. Para três grupos distintos e aleatórios, foi escrito de três maneiras diferentes: (1) em termos absolutos; (2) de modo condicional, usando termos como "pode ser" e "talvez seja"; (3) em termos absolutos, mas *apresentada* como "um modelo possível" para a evolução de um bairro.

Foi pedido para todos os participantes lerem a aula e completar o teste que vinha a seguir. Nele, primeiro havia algumas questões criadas para garantir que os três grupos estavam recebendo as mesmas informações. Isso foi importante para garantir que as diferenças encontradas eram resultado da maneira como a informação era processada, e não do conteúdo. O restante do teste analisou a habilidade dos estudantes em usar a informação apresentada. Mais uma vez, os grupos que a receberam em termos absolutos foram menos capazes de usá-la de modo criativo. Eles não foram plenamente atentos o suficiente para notar quando um caso inventado não se encaixava no modelo. Até mesmo o grupo 3 (para quem o conteúdo da aula foi claramente identificado como condicional – "um modelo possível" –, mas a apresentação foi absoluta) foi menos capaz de fazer uso espontâneo da informação.[11]

A diminuição da criatividade em estudantes do ensino não condicional é agravada pela maioria dos textos teóricos. Pesquisas científicas fornecem apenas declarações de probabilidade e não fatos absolutos. E, ainda, informações e dados probabilísticos que só são verdade sob determinadas circunstâncias são apresentados como se fossem definitivos e livres de contexto. Stephen Jay Gould, paleontólogo e escritor de Harvard, criticou o que chama de "clonagem interna de texto para texto".[12] Em um divertido artigo, ele traça uma comparação de um dos primeiros ancestrais do cavalo, o *Eohippus*, com um fox terrier. Na virada do século (quando esses cachorros eram muito populares), fósseis sugeriram que esses equinos tinham tamanho similar ao fox terrier. A comparação foi feita diversas vezes e ainda é repetida em textos atuais. Quanto mais ela aparece, mais provável é que seja compreendida como um fato incondicional. (Afinal, como você pode argumentar contra algo que *todo mundo* sabe ser verdade?) Como paleontólogos importantes agora consideram que esses pequenos "cavalos do amanhecer" pesavam mais de 22 quilos, o venerável símile do terrier com menos de metade desse peso pode ser automatizado e ultrapassado. (Claro, precisamos lembrar que 22 quilos também é uma estimativa.)

Distinções e analogias

Como "criatividade" e "atenção plena" podem ser duas maneiras de olhar para muitas das mesmas qualidades da mente, não há limites para os paralelos que podem ser feitos entre eles. Uma comparação em especial pode acontecer quando, nos capítulos posteriores, olharmos para as implicações da pesquisa sobre atenção plena no local de trabalho, para uma compreensão sobre o preconceito e para a cura e a saúde.

Estudiosos do processo criativo há muito tempo distinguiram entre dois tipos de pensamento: análise e síntese. Às vezes a palavra em latim *cogito*, que significa "eu acho", no sentido de analisar ou destrinchar, é contrastada com *intelligo*, "eu entendo", no sentido de obter uma compreensão sobre a natureza de algo.[13] J. P. Guilford examinou as habilidades mentais envolvidas na criatividade usando uma distinção semelhante.[14] Por um lado, há uma geração de novas informações a partir de antigas informações – "produção divergente" – e, por outro, existem habilidades de "redefinição" ou "transformação" do pensamento.

Para colocar esses tipos de pensamento contrastantes de modo mais simples: podemos olhar para o mundo e perguntar como as coisas diferem (fazer distinções) ou como são iguais (fazer analogias). A primeira abordagem resulta na criação de novas categorias, a segunda em geral envolve a alteração de contextos; e ambas foram descritas por nós como atividades plenamente atentas. A natureza consciente de fazer novas distinções foi consideravelmente discutida por nós. Pensar por analogia é igualmente importante tanto para a atenção plena quanto para a criatividade.

A habilidade de fazer ou localizar analogias há muito tempo é do interesse de pessoas que tentam julgar a inteligência. Candidatos a pesquisa de pós-graduação em determinados campos, por exemplo, precisam fazer um exame chamado Teste de Analogias Miller (MAT), que contém questões de múltipla escolha como esta:

Lion está para *pride* como *horse* está para (selecione uma opção):
Vanity   Herd   Corral[15]

Ao fazer uma analogia, aplicamos um conceito aprendido em um contexto diferente. Essa operação mental é, em si, plenamente atenta. Arquitetos que conseguem ver como um espaço, digamos, um hospital, se parece com outro, por exemplo, hotel, conseguem criar projetos que atendem melhor necessidades complexas. Misturar metáforas intencionalmente com o objetivo de encontrar similaridades pode incitar novos *insights*. Comparar pessoas, negócios e religiões, inter e intracategorias, por exemplo, pode levar a uma maior compreensão de ambos os lados da comparação. Como Peter é como uma biblioteca/ uma biblioteca como um trem/ um trem como um restaurante?[16]

Jean Piaget escreveu que seu trabalho sobre o conceito de tempo, movimento e velocidade da criança foi inspirado pelo trabalho de Albert Einstein sobre o universo da física e da relatividade. "Einstein", escreveu Piaget, "sugeriu certa vez que estudássemos a questão do ponto de vista psicológico e tentássemos descobrir se havia uma intuição da velocidade independente da noção de tempo." De acordo com o físico Gerald Holton, uma das muitas contribuições de Einstein foi gerar ideias que se prestavam a "maior adaptação e transformação na imaginação de espíritos igualmente exaltados que vivem do outro lado das fronteiras disciplinares".[17]

Essa habilidade de transcender o contexto é a essência da atenção plena e crucial para a criatividade em qualquer área.

8

Atenção plena no trabalho

> A conquista suprema é borrar
> a linha entre trabalho e diversão.
> – Arnold Toynbee

A capacidade de alterar contextos pode ser tão valiosa para um gestor ou na linha de produção quanto o é para um artista ou físico. A fadiga, o conflito e a exaustão podem todos ser resultados de estarmos imersos em antigas categorias, presos a antigas mentalidades. Aliás, praticamente todas as vantagens da atenção plena descritas nos capítulos anteriores podem ser encontradas no local de trabalho. Tanto para o empregador quanto para o empregado, a atenção plena pode aumentar a flexibilidade, a produtividade, a inovação, a capacidade de liderança e a satisfação. Como a maior parte de nós, quase todo dia, quase toda semana, está a caminho do trabalho, trabalhando, se preocupando com o trabalho ou planejando o trabalho, os usos da atenção plena na vida profissional são especialmente úteis.

Receber a falha de braços abertos

Um antigo ditado védico adverte: "Evite o perigo que ainda não surgiu". Para captar os primeiros sinais de problema, precisamos estar alertas a novas informações, a desvios sutis da maneira como as coisas costumam acontecer. No estudo realizado em departamentos da universidade descrito no Capítulo 2, um memorando circulou dizendo apenas: "Devolva este memorando imediatamente". A maioria das pessoas que o recebeu não notou o absurdo. Como era em muitos sentidos bastante semelhante aos memorandos que viam todos os dias, devolveram-no feito autômatos. Com isso, vemos como problemas maiores podem ser resultado de mudanças inicialmente pequenas, imperceptíveis. Quando plenamente atentas, as pessoas podem notar tais problemas antes que estes se tornem sérios ou perigosamente custosos. Seja uma pequena alteração no sinal de uma usina de energia nuclear, seja o primeiro indício do que Theodore Levitt, da Escola de Administração de Harvard, chama de "sombra da obsolescência",[1] os prenúncios de mudança são avisos e, para quem está plenamente atento, oportunidades.

O local de trabalho está cheio de obstáculos inesperados que podem se colocar no caminho da produtividade. Para um gerente ou funcionário com atenção plena, eles se tornam blocos de construção. Não obstruem o progresso porque são vistos como parte de um processo contínuo, e não como desvios desastrosos gerados por procedimentos passados. Vamos considerar uma situação em que, em vez das quatro pessoas de sempre "necessárias" para fazer um trabalho, apenas três aparecem, ou uma situação em que um equipamento rotineiramente usado na produção fica em manutenção por uma semana. Se os funcionários desse departamento estão presos a mentalidades antigas, o trabalho vai ser interrompido de modo abrupto. Um funcionário plenamente atento, orientado para o presente, pode reavaliar o trabalho como uma tarefa para três pessoas, ou para qualquer equipamento que tenha à mão. Desvios do modo habitual de trabalhar são menos problemáticos se houver tolerância para a incerteza e não houver um método estabelecido com rigidez desde o início. Os "desvios" então se tornam apenas elementos da situação presente.

A segunda onda

Como vimos no Efeito Coolidge descrito no Capítulo 3, a fadiga e a saciedade não necessariamente ocorrem em momentos fixos. Em grande medida, a exaustão física e a mental podem ser determinadas por comprometimentos cognitivos precoces; em outras palavras, expectativas não questionadas ditam quando nossa energia vai acabar.

Já em 1928, a psicóloga Anita Karsten estudou situações que a princípio traziam uma boa sensação, mas cuja repetição fazia que se tornassem neutras ou desconfortáveis.[2] Ela colocou os participantes em "situações semilivres", em que recebiam tarefas a cumprir, mas eram orientados à possibilidade de parar sempre que estivessem cansados. Eles foram instruídos a fazer o trabalho enquanto fosse prazeroso. Havia dois tipos de tarefa: contínua, como desenho, e que acabavam rápido, porém eram repetitivas, como ler um poema curto sem parar. (Atividades como xadrez, que são longas, mas chegam ao fim, não foram utilizadas.) Para cada tipo de tarefa, os participantes trabalharam até se cansar. A pesquisadora então mudou o contexto. Por exemplo, depois que os participantes tinham desenhado até a exaustão, ela lhes pedia para virar a página e redesenhar a última figura que tinham feito, para mostrar à cientista a *rapidez* com que conseguiam realizar a tarefa. Os "totalmente exaustos" não tiveram dificuldade de repetir o desenho no contexto novo. Outro participante recebeu a tarefa de escrever *ababab...* até não aguentar mais. Ele continuou até ficar mental e fisicamente exausto. Sua mão ficou dormente, como se ele não conseguisse fazer nem mais um traço. Nesse momento, a pesquisadora pediu que ele assinasse seu nome e endereço para um propósito diferente. Ele o fez com relativa facilidade. O participante não estava fingindo a fadiga. Em vez disso, a mudança do contexto lhe trouxe uma energia renovada.

Quando Karsten pediu que os participantes lessem poemas em voz alta, depois de um tempo, eles ficaram roucos. No entanto, quando reclamaram para ela que tinham odiado a tarefa, a rouquidão desapareceu. Da mesma forma, outra participante, que afirmou estar tão cansada que não conseguia mais levantar o braço para fazer nem mais um traço, foi vista casualmente levantando-o para arrumar o cabelo.

A nova energia em um contexto diferente é conhecida pela maioria das pessoas como uma "segunda onda". Vemos exemplos disso todos os dias. Vamos pegar um jovem acadêmico aflito que está trabalhando o dia todo para escrever um livro enquanto também cuida de sua agitada filha de dois anos. Quando sua esposa chega em casa para ajudar, ele está exausto demais para se mover. Mas nesse instante um colega telefona perguntando-lhe se gostaria de jogar basquete. Ele dá um salto e sai correndo para jogar por quatro horas.

Em cada um desses casos, uma mentalidade de fadiga foi removida por uma mudança de contexto iniciada por outra pessoa – o pesquisador ou um amigo. Indivíduos plenamente atentos usam o fenômeno da segunda onda em vantagem própria de modo mais deliberado. Escalonar diferentes tipos de tarefa burocrática, mudar para um ambiente de trabalho diferente e fazer uma pausa para correr ou fazer uma ligação são maneiras de extrair a energia latente liberando a mente da exaustão. (A atenção plena em si mesma é revigorante e nunca exaustiva.) Uma profissional autônoma pode fazer isso por si mesma; um gestor plenamente atento pode proporcionar isso para os demais. O desafio da administração é apresentar mudanças de contexto dentro da carga de trabalho necessária.

Outro tipo de mentalidade que pode levar à fadiga é a maneira como definimos uma tarefa. Quando começamos qualquer empreitada, temos uma imagem mental de seu início, meio e fim. No início, tendemos a ser ativos e atentos. Na fase do meio, podemos desempenhar a tarefa como autômatos ou plenamente atentos. Se a estamos realizando com atenção plena, estamos envolvidos na criação de novas distinções enquanto trabalhamos. Não temos uma ideia de nós mesmos como desligados da tarefa. Esta pode parecer fácil, contanto que estejamos envolvidos em um processo e distinções estejam sendo criadas. Se a realizamos como autômatos, baseamo-nos em distinções já feitas. Conforme a tarefa se aproxima do fim, normalmente nos concentramos no resultado e também esperamos que a fadiga ocorra. Então, enquanto avaliamos o resultado, percebemos a tarefa como algo distinto de nós. Quando chegamos ao fim de atividades que esperamos ser cansativas, a exaustão chega. Essa imagem mental do fim de uma tarefa é um contexto autoimposto e torna a fadiga quase inevitável. Modificar contextos *antes* de chegar a esse ponto pode impedir esse cansaço. Mas uma simples mudança de atividade não necessariamente garante isso. A alteração precisa ser *vivenciada* como um novo contexto. Por exemplo, se uma nova atividade física ainda é vista como um exercício, a expectativa de fadiga nesse contexto pode continuar existindo.

Em um interessante estudo, os psicólogos Janice Kelly e Joseph McGrath pediram que os participantes desempenhassem várias tarefas sob severas restrições de tempo ou com tempo de sobra. Se a primeira tarefa precisava ser concluída às pressas, havia tempo mais do que suficiente para a segunda, e vice-versa. Aparentemente, os participantes fizeram um comprometimento cognitivo precoce para com os requisitos da primeira tarefa. Quando não estavam mais sob pressão, eles ficaram desnecessariamente cansados, desempenhando a tarefa como se ainda lutassem contra o relógio.[3]

Inovação

A mudança de contextos, como vimos nos capítulos anteriores, gera imaginação e criatividade, bem como energia nova. Quando aplicada à solução de problemas, ela muitas vezes é chamada de *reenquadramento*. Um jovem músico me contou recentemente sobre sua antiga inabilidade de terminar as canções que compunha. Isso lhe causava um profundo incômodo, e ele se sentia um fracasso como compositor até reenquadrar o "problema". Em vez de ver a si mesmo como incapaz de finalizar uma música, ele se deu conta do grande dom que tinha para compor novos temas. Então, se aliou a alguém que era ótimo com detalhes musicais, e juntos se tornaram altamente prolíficos.

A mudança de contexto é apenas um caminho para a inovação. Criar novas categorias, explorar múltiplas perspectivas e se concentrar no processo aumentam a possibilidade de que uma nova abordagem para um problema seja descoberta. Uma tolerância à incerteza por parte da administração também é encorajadora. Se um gestor pode arriscar um desvio em sua forma rotineira de fazer as coisas, empregados criativos podem se destacar e contribuir. Se não estiverem compelidos apenas a tornar um produto cada vez melhor, eles podem encontrar maneiras de criar um produto diferente, ainda mais interessante.

O uso criativo de "elementos estranhos" pode encorajar cada um dos tipos de atenção plena que foram mencionados.[4] Um ou dois homens em uma empresa só de mulheres, um membro do conselho adolescente ou um aposentado cego podem trazer novas ideias. Consultores independentes podem desempenhar o mesmo papel. Criar a posição do *outsider* em uma empresa, não importando as características da pessoa contratada, pode manter questões importantes fluindo. Assim como um viajante em uma cultura estrangeira nota o que a população nativa não percebe, um *outsider* pode perceber quando os nativos daquela empresa estiverem seguindo tradições que podem ter se tornado irracionais ou mitos destrutivos. Quando rotinas de trabalho não são familiares, elas não podem ser banalizadas, e a atenção plena é estimulada.

No livro *Como chegar ao sim*, Roger Fisher e William Urey propõem maneiras como negociadores podem gerar na própria mente as perspectivas trazidas por *outsiders* de diferentes disciplinas: "Se você está negociando um contrato de trabalho, invente opções que podem ocorrer a um banqueiro, um inventor, um líder sindical, um especulador imobiliário, um corretor da bolsa, um economista, um especialista tributário ou socialista".[5] Essa abertura a perspectivas múltiplas – um ingrediente essencial da atenção plena – vai ao encontro da política de funcionários que trocam responsabilidades ou mudam de carreira no meio do caminho. Se a mudança é dentro de um campo de conhecimento, em vez de para uma área totalmente diferente, os benefícios de um novo prisma podem superar os problemas de precisar aprender um novo jargão técnico. Por exemplo, se um historiador da arte se torna psicólogo, ou vice-versa, cada um deles pode ter algo diferente para contribuir com a questão "Como um objeto tridimensional é reproduzido em duas dimensões?".

O distanciamento de mentalidades de uma indústria é vital para o desenvolvimento de produtos. Vamos considerar uma empresa que fabrica cadeiras de rodas. Agora que a população idosa está aumentando, o mesmo deveria acontecer com os negócios direcionados a ela. Algumas pessoas passam a precisar de cadeiras de rodas da mesma forma que outras começam a precisar de óculos. Mas, ao contrário dos óculos, as cadeiras de rodas são as mesmas há anos. Não existe razão, além do hábito, para elas parecerem tão médicas e ameaçadoras. Os designers estão começando a vê-las como carros de corrida, como veículos recreativos, coloridos, confortáveis e meios práticos de deslocamento. Oito anos atrás, em uma casa de repouso onde eu clinicava, os residentes decoraram suas cadeiras de rodas para torná-las mais atraentes e/ou funcionais. A própria palavra *cadeira de rodas* pareceu ganhar um sabor diferente depois dessa alteração. Recentemente, eu me deparei com anúncios da Wildcat, Palmer 3 e da Turbo – três designs modernos que pareceram redefinir o que estar em uma cadeira de rodas significa.

Como já comentado, a inovação pode ser prejudicada por uma imagem restrita da tarefa. As pessoas que fazem cadeiras de rodas podem enxergar a si mesmas como pertencentes ao ramo dos transportes ou da recreação para romper as mentalidades associadas à deficiência e aos hospitais. Theodore Levitt, cuja famosa expressão "miopia de marketing" pode ser traduzida como "marketing automatizado", criou um exemplo marcante e delicioso de mentalidades obsoletas: o chicote de carruagem. Ainda que seja possível argumentar que nenhuma inovação de produto poderia ter salvado esse negócio, uma nova autodefinição talvez tivesse conseguido: "Mesmo que só tivesse definido seu negócio como fornecer um estimulante ou catalisador para uma fonte de energia, ele talvez tivesse sobrevivido ao se tornar um fabricante de, digamos, correias de ventilador ou limpadores de ar".[6]

Definições restritas de competição caminham lado a lado com mentalidades restritas sobre um produto. Bancos pequenos, por exemplo, se veem como concorrentes de outros bancos pequenos no papel de coletores e credores em suas comunidades. Um banco como o Citibank, que via sua função como uma "atividade de processamento de informação", conseguiu competir de modo muito mais poderoso. Da mesma forma, os fabricantes das máquinas de escrever Royal, Remington ou Smith Corona não teriam encontrado sua verdadeira concorrência olhando uns para os outros. Num canto oposto, uma divisão da IBM estava se preparando para tirá-los da corrida com a máquina de escrever Selectric. Esse foi um conceito totalmente novo de registrar palavras no papel, mais tarde substituído pelo computador pessoal e pelos processadores em todos os seus formatos.

Uma forma de escapar de definições restritivas é considerar a diferença do ator/observador. Um estudante me mostrou um bom exemplo disso no governo. No final de cada período fiscal, agências e pesquisadores que recebem financiamento público correm para gastar qualquer centavo que tenha sobrado no orçamento, em vez de devolver o dinheiro não gasto para o governo. Eles usaram o que precisaram e então desperdiçam o resto. Da perspectiva do cidadão que paga impostos, isso parece irracional. Por que esbanjar o dinheiro em vez de devolvê--lo para que seja usado por outros? A razão é que, se as agências não gastarem esse dinheiro, seu orçamento para o próximo ano fiscal é reduzido – "Eles não precisaram no ano passado, então provavelmente também não vão precisar neste ano", diriam funcionários econômicos. E por isso uma agência depois da outra gasta a verba para manter os orçamentos futuros saudáveis. A solução inteligente que meu ex-aluno, Otto Brodtrick, propôs, com base na sua experiência de auditoria para uma agência do governo canadense, levou em consideração o ponto de vista daqueles que recebem os fundos. Se a cada ano fosse garantido que o orçamento de uma agência vai ser o que teria sido se todo o dinheiro tivesse sido gasto mais metade do que não foi gasto, tanto a agência individual quanto o governo prosperariam. Por exemplo, se uma agência recebe 10 mil dólares e só gasta 8 mil, ela receberia os 10 mil dólares no ano seguinte, mais metade do que foi economizado (mil dólares), somando um total de 11 mil dólares. No ano seguinte, se, dos 11 mil, ela só gastasse 10 mil, o orçamento do ano seguinte seria 11,5 mil dólares. Ambos os lados sairiam ganhando. Os orçamentos futuros seriam saudáveis e o gasto atual seria cuidadoso. A agência ou o pesquisador ficaria feliz de devolver, em vez de desperdiçar, o dinheiro não utilizado no presente por causa da garantia de maiores fundos no futuro.

O poder da incerteza para executivos

O comportamento do funcionário, automatizado ou inovador, provavelmente não é independente do estilo de um gestor. De todas as qualidades de um gestor que geram inovação e iniciativa, um grau de *incerteza* pode ser a mais poderosa. Se um gestor tem confiança e incerteza – confiança de que o trabalho será feito, mas sem a certeza de exatamente qual é a melhor maneira de fazê-lo –, é provável que os funcionários tenham mais espaço para serem criativos, alertas e independentes. Quando trabalhamos para líderes confiantes, mas incertos, temos menos chance de fingir conhecimento ou esconder erros, práticas que podem ter um custo alto para a empresa. Em vez disso, tendemos a pensar: "Se ele não tem certeza, acho que não preciso estar certo 100% das vezes", e correr riscos se torna menos perigoso. É mais provável que os funcionários façam sugestões de processos e mudanças de produto que possam vir a ser positivas. A admissão da incerteza leva a uma pesquisa para obter mais informação, e com mais informação pode haver mais opções.

Debra Heffernan, uma estudante de doutorado de Harvard, e eu conduzimos uma pesquisa que observou o poder da incerteza em um ambiente organizacional.[7] Avaliamos o grau de certeza dos gestores em uma organização perguntando, entre outras coisas, quantas das decisões que eles tomam a cada dia têm respostas absolutamente corretas. Também avaliamos seu nível geral de confiança e distribuímos questionários aos funcionários para que avaliassem suas relações profissionais com os superiores. Os funcionários avaliaram os superiores que demonstraram mais confiança, mas uma relativa incerteza, como mais propensos a permitir julgamentos independentes e uma liberdade geral de ação.

Como as pessoas consideradas brilhantes e bem instruídas tendem a se tornar gestores, a ideia de que o chefe sabe *a* resposta é predominante, e fazer perguntas é algo potencialmente intimidador para os funcionários. Se os gestores deixam claro que veem a certeza como algo imprudente, torna-se mais fácil fazer perguntas com base nas incertezas. As questões fornecem uma boa quantidade de informação para a gerência. Além disso, se gestores buscam informações com os funcionários para responder a essas questões, é provável que ambos se tornem mais conscientes e inovadores.

Ironicamente, ainda que o trabalho muitas vezes seja realizado de modo automatizado, com uma sensação de certeza, a diversão é quase sempre plenamente atenta. As pessoas correm riscos e se envolvem no lazer. Imagine fazer a diversão parecer uma rotina; não seria divertido.

Na diversão, não há motivo para não correr alguns riscos. Aliás, sem riscos, os prazeres de dominar alguma atividade desapareceriam. Imagine esquiar ou andar a cavalo como um autômato; imagine ir ao teatro para ver sempre a mesma peça sem procurar uma nova reviravolta; imagine fazer palavras cruzadas já preenchidas de que você se lembra de todas as respostas. Temos uma tendência a ser mais aventureiros no lazer porque nos parece mais seguro. Nós paramos de nos avaliar. A diversão pode ser levada a sério, mas é a diversão, e não nós mesmos, que estamos levando a sério; caso contrário, não seria diversão de fato.

Então, ao que parece, para encorajar a atenção plena no trabalho, devemos transformar o escritório em um lugar onde as ideias podem ser uma diversão, as perguntas são encorajadas e "uma jogada de dados azarada" não significa perder o emprego.

Muitos gestores, no entanto, ficam ansiosos quando se deparam com uma questão para a qual não existe resposta fácil. Quando desafiados com uma dúvida sobre a lógica por trás de uma política, eles recorrem às respostas prontas que todos aprendemos na infância: "Faça porque eu mandei". Nas organizações, uma mentalidade muito familiar fica evidente na resposta: "E se deixarmos todo mundo fazer isso?". Muitas ideias inovadoras provavelmente foram reprimidas por essa fase. Se apenas alguns quiserem fazer algo (o que quer que seja "algo"), que diferença faz? Se, de fato, todos quiserem fazer isso, talvez devesse ser feito. Em uma casa de repouso onde eu atendia, uma idosa queria fazer um sanduíche de manteiga de amendoim no quarto em vez de ir para o refeitório jantar. O diretor perguntou: "E se todo mundo quiser fazer isso?"". Se todos quisessem, talvez a casa de repouso economizasse muito dinheiro em comida. No mínimo, seria uma informação útil para o cozinheiro. Procedimentos incomuns que só ocorrem de vez em quando deveriam ser tolerados? Desejos unânimes de mudança deveriam levar a novas políticas? Essas perguntas podem ser importantes para qualquer organização. Respostas como "E se todos quiserem?" ou "Nunca fizemos desse jeito antes" transformam uma oportunidade de inovação em um beco sem saída.

No mundo acadêmico, onde certeza e evidência científica são muito apreciadas, a necessidade de reconhecer a incerteza é valorizada, mas ainda costuma enfrentar muita resistência. Um dia cheguei atrasada para uma reunião de um comitê formado para conceder um prêmio de ensino e encontrei meus colegas chateados, confrontados com um dilema moral "impossível". O problema que enfrentavam era que havia cinco indicados ao prêmio e apenas de três a cinco cartas de recomendação para cada. Como poderíamos tomar uma decisão justa com base em tão poucas evidências? A questão a princípio pareceu razoável. No entanto, a maneira um tanto indelicada com que o comitê responsabilizou a pessoa que reuniu os materiais da nomeação me fez pensar duas vezes. Dedos foram apontados para ela como se tivesse havido uma violação de uma regra absoluta. Com três a cinco cartas, o prêmio seria "arbitrário". Deveria haver mais informação, todos concordavam.

Porém, o que "mais informação" significa? O que seria uma evidência conclusiva sobre a habilidade de ensinar? Deveria haver cartas dos alunos que estavam fazendo a disciplina naquele momento ou daqueles que já a tinham concluído? Se as aulas foram bem dadas, elas poderiam ainda os influenciar depois do fim do curso; talvez devesse ser escrita por quem fez o curso dois anos antes. Ou deveriam ser cinco anos? As cartas deveriam ser escritas pelos bons alunos, pelos maus alunos ou por todos eles? Seria possível levantar bons argumentos para cada caso. Será que as cartas deveriam ser escritas pelos alunos? São os colegas que sabem o que acontece no processo de ensino. Que tal algum tipo de combinação, como metade de cada, dois colegas para cada aluno convidado e assim por diante?

Quando concentrei minha atenção na reunião, sugeri que, uma vez que a decisão de quantas e quais tipos de recomendação nunca poderiam se basear em "informação suficiente", deveríamos continuar e conceder o prêmio naquele ano e, para os anos futuros, criar uma regra *arbitrária*, porém explícita, a ser seguida. Em vez de uma busca interminável pela certeza e montanhas de papel, uma regra arbitrária permite que qualquer comitê, no mundo acadêmico ou em uma corporação, tome uma decisão. Ao lembrar que essa regra era simplesmente um acordo, uma criação de um comitê, as pessoas se tornam mais dispostas a mudar quando as circunstâncias mudam sem atacar aqueles que a inventaram. As regras são para guiar, não para impor.

Além de uma qualidade de incerteza confiante, existe outra característica de liderança que é muito conhecida, mas difícil de definir. O carisma em líderes tem uma aura mágica, que pode ser responsável pela crença de que os líderes nascem assim, em vez de serem formados. Em uma pesquisa recente realizada com John Sviokla, da Escola de Administração de Harvard, tentei explorar um aspecto do carisma que pode estar ligado ao poder da incerteza e da atenção plena.[8]

Primeiro, observamos o carisma em um ambiente teatral. Atores que estavam atuando em peças no *campus* de Harvard, como *A importância de ser prudente*, *Senhorita Júlia*, *O mercador de Veneza*, foram divididos aleatoriamente em dois grupos. Os do primeiro grupo foram instruídos a interpretar seus papéis da maneira mais nova possível, variando dentro do universo do personagem. No outro, foi pedido que os papéis fossem interpretados do modo mais condizente possível com o roteiro. Depois da peça, a plateia, sem saber de nossas instruções, recebeu um breve questionário para avaliar o carisma dos atores. Os orientados a atuar de um jeito novo foram considerados os mais carismáticos.

Para aprofundar a investigação sobre esse fenômeno, em outro cenário, demos a vendedores de enciclopédias instruções semelhantes às dos atores. Um grupo deveria abordar cada pessoa como se fosse seu primeiro cliente. Ainda que se ativessem ao "roteiro", eles sutilmente adaptaram sua abordagem conforme necessário. O outro grupo foi orientado a ser o mais coerente possível em relação à própria abordagem: "Quanto mais coerente você for, maiores serão suas vendas". O primeiro grupo de vendedores foi avaliado como consideravelmente mais carismático do que o segundo. É curioso que ele também tenha sido visto pelos clientes como mais conhecedor do produto, ainda que esse conhecimento não tenha variado entre os vendedores. Eles abordaram cada cliente de modo mais flexível, e seu discurso teve mais impacto. Uma certa versatilidade pareceu aumentar o poder de persuasão, além do carisma.

Exaustão e controle

A exaustão – um problema presente em diversos locais de trabalho, de prontos-socorros a corporações – é composta pelo automatismo. Mentalidades rígidas, perspectivas limitadas, a armadilha de velhas categorias e orientação voltada para o resultado tornam a exaustão mais provável. Por outro lado, como vimos, a mudança de contextos e mentalidades, ou o foco no processo, podem ser muito revigorantes.

Muitos de nós conhecemos os efeitos energizantes de um novo emprego. Existe uma empolgação em aprender coisas novas, em mapear um novo território. No entanto, conforme o trabalho se torna familiar, o entusiasmo e a energia diminuem. A exaustão se instala quando duas condições prevalecem: certezas começam a caracterizar o cotidiano de trabalho e as demandas profissionais fazem os trabalhadores perderem a sensação de controle. Se, além disso, uma organização for caracterizada por regras rígidas, os problemas que surgem parecem intransponíveis porque as soluções criativas parecem arriscadas demais. Quando o ambiente de trabalho burocrático é da mentalidade "nós sempre fizemos as coisas assim", a exaustão não é incomum.

Em ambientes médicos, onde erros podem custar vidas, essas condições de trabalho são especialmente características. Debra Heffernan e eu tentamos combater a exaustão na Casa de Repouso Stevens Hall, em North Andover, Massachusetts.[9] Apresentamos aos funcionários ideias de incerteza e controle de modo a torná-los mais plenamente atentos. Demonstramos que os "fatos" que eram usados para guiar os cuidados oferecidos na verdade eram probabilidades e não certezas. Fizemos diversas reuniões em que questionamos como eles podiam ter tanta certeza da lógica por trás de suas políticas. Demos atenção especial às mentalidades que podem gerar dependência nos moradores e roubar seu controle. Por exemplo, havia um residente idoso e cego que queria fumar. Isso sobrecarregava a equipe, que achava que ele deveria ser acompanhado para evitar que ateasse fogo ao lugar. A solução deles tinha sido permitir que o homem fumasse apenas dois cigarros por dia. Como podiam estar certos de que ele precisava de ajuda? A doença de outra paciente dificultava que ela penteasse o cabelo. Quando um funcionário da casa o escovava para ela, ele estava inadvertidamente insinuando que ela não era capaz de fazer aquilo sozinha. Um dos casos mais dramáticos era o de uma mulher que não conseguia se lembrar de ir para a sala de jantar. Os funcionários achavam que precisavam acompanhá-la para que ela não morresse de fome. Essas responsabilidades cumulativas e aparentemente incessantes, consideradas essenciais, contribuíam para o sentimento de exaustão.

Quando a equipe entendeu que as justificativas para esses casos eram muito mais fracas do que imaginavam, conseguiu encontrar outras maneiras de encarar as situações. Ao devolver um pouco do controle aos residentes, os funcionários facilitaram o próprio trabalho. Por exemplo, eles se deram conta de que não havia uma razão concreta para acreditar que um homem cego não poderia aprender a fumar com segurança. Aliás, o paciente já sabia onde e como fumar sem perigo. Só era preciso lhe dar uma chance. A mulher que tinha dificuldade de escovar o cabelo ficou mais feliz em realizar essa ação sozinha à medida que lidou com a tarefa em passos pequenos e graduais. E ninguém morreu de fome. A fome ajudou a paciente esquecida a lembrar onde a sala de jantar ficava. Ver que problemas podem ser solucionáveis sem depender de regras antigas fez a equipe se sentir mais no controle; buscar soluções os tornou mais plenamente atentos. Registros que comparam o período anterior à nossa intervenção e um período posterior demonstraram que a rotatividade de funcionários foi reduzida em um terço. Sentir menos exaustão significou menos motivos para pedir demissão. Esses resultados, ainda que não obtidos em experimentos, sugerem que a exaustão não é inevitável. Em uma pesquisa experimental recente realizada pelo Lewis Bay Head Injury Center [Centro de Ferimentos na Cabeça da Baía de Lewis], oferecemos às enfermeiras e outros cuidadores um tipo semelhante de treinamento de atenção plena. Com a consequente mudança de perspectiva e uma sensação renovada de que novas soluções eram possíveis, os funcionários nessa situação exigente e potencialmente deprimente demonstraram um aumento significativo de ânimo e satisfação profissional.

Esse tipo de "cuidado com o cuidador", que restaura uma sensação de controle e de opções, pode se tornar cada vez mais importante em hospitais. A escassez de enfermeiros, as pressões que resultam do controle de custos, as restrições legais e a complexidade técnica contribuem para aumentar o estresse da equipe. Em um relatório de um comitê da Faculdade de Medicina de Harvard criado para estudar a fadiga na residência médica, o tempo reduzido de permanência de pacientes hospitalizados ("entrada e saída rápidas") foi considerado como causa no aumento da exaustão entre os residentes. Quando os pacientes recebem alta antes da hora e são avaliados por outros médicos antes de darem entrada, os residentes perdem a sensação de controle sobre o caso, passando a enxergar o próprio papel como puramente mecânico. Uma falta de envolvimento plenamente atento na recuperação do paciente está claramente implicada nesse tipo de exaustão. Aliás, a recomendação do corpo docente incluiu maneiras de restaurar a "função intelectual e cognitiva na supervisão do paciente", isto é, a atenção plena.

Como o mundo do trabalho nos coloca diante dos mesmos quebra-cabeças com que nos deparamos em outras áreas de nossa vida, essas observações sobre os efeitos da atenção plena no trabalho podem se tornar um livro por si só. É provável que também esteja claro para o leitor familiarizado com negócios e administração que os pensadores mais progressistas nesse campo há muito tempo estão cientes dos perigos das mentalidades fixas e da orientação voltada para os resultados, bem como das vantagens de perspectivas múltiplas e da mudança de contexto, mas com outros nomes. Na década de 1920, Mary Parker Follett, uma pioneira em estudos de administração, antecipou algumas dessas ideias, enfatizando especialmente o valor de uma mudança nas mentalidades. Os alertas de Follett sobre a obsessão com o resultado são pertinentes para qualquer gerente hoje: "Um sistema criado ao redor de um propósito está morto antes de nascer. O propósito se descortina e revela os meios".[10]

A certeza tende a se desenvolver com o sucesso contínuo. Há uma tendência a continuar fazendo o que quer que tenha funcionado, o que, ironicamente, torna negócios bem-sucedidos mais vulneráveis a mentalidades petrificadas. Passei parte de um recente ano sabático na Escola de Administração de Harvard, onde colegas me ajudaram a organizar algumas ideias deste capítulo. Alguns de nós ainda inventaram um jogo de criar placas para a mesa dos executivos:

"O automatismo é a aplicação das soluções dos negócios de ontem para os problemas de hoje."

"A atenção plena é a afinação das demandas de hoje para evitar as dificuldades de amanhã."

9

Diminuir o preconceito e aumentar o discernimento

"Se sou um brinquedo para vocês,
gigantes, sejam gentis comigo..."
"Venha!", disse ela, aceitando a oferta da minha
mão para ajudá-la com o para-choque, e olhando
melancolicamente para o meu rosto,
"você não desconfiaria de mim se eu
fosse uma mulher de tamanho grande".
Senti que havia muita verdade nisso;
e senti muita vergonha de mim mesmo.
"Você é um belo rapaz", ela disse, assentindo.
"Aceite um conselho, mesmo de alguém que não tem nem
um metro. Tente não associar defeitos físicos com mentais,
meu bom amigo, exceto por uma razão sólida."
– Charles Dickens, *David Copperfield*

David Copperfield está recebendo uma aula sobre discriminação. Ao distinguir entre imperfeições físicas e mentais, ele evitará discriminar pessoas de baixa estatura. Distinções que são específicas, em vez de globais, podem ser muito úteis em romper mentalidades de preconceito.

A maioria das tentativas de combater o preconceito está associada à redução da nossa tendência de categorizar as pessoas. Esses esforços se baseiam na ideia de que, em um mundo ideal, todos deveriam ser considerados iguais, enquadrando-se na categoria única de "ser humano". No entanto, categorizar é uma atividade humana fundamental e natural.[1] É assim que conhecemos o mundo. Qualquer tentativa de eliminar o preconceito tentando eliminar a percepção das diferenças pode estar condenada ao fracasso. Não vamos abrir mão de nossas categorias com facilidade. Quando deixarmos (por qualquer razão) de fazer determinada distinção entre as pessoas, provavelmente vamos criar outra.

Uma compreensão da natureza da atenção plena sugere uma abordagem diferente para o combate contra o preconceito – uma em que aprendemos a fazer mais, e não menos, distinções entre as pessoas. Se tivermos em mente a importância do contexto e a existência de perspectivas múltiplas, vamos ver que a percepção de habilidades e deficiências muda constantemente, dependendo da situação e da posição estratégica do observador. Essa conscientização nos impede de considerar uma deficiência a identidade de uma pessoa. Em vez de "paraplégico", "diabética" ou "epilético", vamos ver um homem com uma perna incapacitada, uma mulher com diabetes ou um adolescente com convulsões. Essas distinções se tornam mais úteis quando refinadas; por exemplo: uma pessoa com 70% de audição em vez de uma pessoa surda; alguém com diabetes não dependente de insulina em vez de apenas diabetes.

Um paciente de outro nome

A maior parte dos nossos rótulos tende à generalização: gênio, anão, homossexual, gigante. Esses rótulos podem influenciar qualquer outro julgamento da (ou reação à) pessoa que os carrega. Notei isso pela primeira vez quando era estagiária clínica no departamento de psicologia de Yale. Quando as pessoas entravam pela porta da clínica, elas se rotulavam "pacientes", e, ao mesmo tempo, eu também as via assim. Quando discutíamos certos comportamentos ou sentimentos que elas consideravam um problema, eu também tendia a ver o que relatavam como anormal. Eu via o comportamento deles como consistente com o rótulo de paciente. Mais tarde, fora do contexto terapêutico, quando encontrei exatamente o mesmo comportamento (por exemplo, dificuldade de tomar decisões ou de se comprometer) ou sentimento (como culpa ou medo do fracasso) nas pessoas que conheço, parecia ser perfeitamente comum ou fazer sentido dadas as circunstâncias. Para testar o impacto dos rótulos, o psicólogo da Universidade Yale Robert Abelson e eu desenvolvemos um experimento usando uma fita de vídeo de um homem de aparência bastante comum sendo entrevistado.[2] Ele e o entrevistador estavam sentados de frente um para o outro conversando sobre trabalho. Mostramos esse vídeo para psicoterapeutas. Para metade deles, chamamos o homem entrevistado de "candidato à vaga". Para a outra, de "paciente". Os terapeutas para quem mostramos a fita tinham duas formações diferentes. Metade deles tinha sido treinada de diversas maneiras tradicionais; o treinamento da outra metade enfatizara especificamente que se evitassem rótulos.

Descobrimos que, quando chamamos o homem no vídeo de candidato à vaga, ele era visto por ambos os grupos de terapeutas como bem ajustado. Quando era rotulado como paciente, os terapeutas treinados para evitar o uso de rótulos ainda o viam como bem ajustado. Por outro lado, muitos dos outros viam sérios problemas psicológicos no homem.

Como a maioria de nós cresceu e passa seu tempo com pessoas parecidas conosco, temos a tendência de presumir uniformidades e conformidades. Quando confrontados com alguém que é claramente diferente, abandonamos essa suposição e, em vez disso, procuramos mais distinções. Muitas vezes, essas supostas diferenças não têm relação lógica com a diferença observável. Por exemplo, por causa do gestual incomum de uma pessoa com paralisia cerebral, podemos supor uma alteração de inteligência. Essas suposições falhas tendem a exagerar a distância vista entre as pessoas "com desvio" e as "normais". No trecho a seguir de *Viagens de Gulliver*, podemos ver esse processo ocorrendo enquanto Gulliver observa algumas "criaturas estranhas".

Sua figura era muito singular e deformada, o que me surpreendeu, e ocultei-me atrás de uma moita para melhor os examinar. Alguns se aproximaram de onde eu estava, dando-me a oportunidade de discernir suas formas. A cabeça e o peito estavam cobertos de pelagem grossa, algumas crespas, algumas lisas. Eles tinham barba como os bodes, uma longa linha de pelos nas costas e na parte dianteira das pernas e dos pés; mas o resto do corpo era nu, de modo que era possível ver-lhes a pele, que era de uma cor castanha. Não tinham cauda, tampouco cabelo nas nádegas, exceto ao redor do *ânus*, o que, suponho, a natureza tinha colocado ali para defendê-los quando se sentavam no chão, uma vez que costumavam ficar nessa posição tanto quanto deitados, e muitas vezes se levantavam e se apoiavam nas patas traseiras.[3]

Ao observarmos as pessoas ao nosso redor no dia a dia, tantos detalhes nos escapam: leves tiques, gestos, características como pintas, vãos entre os dentes e coisas do gênero. Quando estamos frente a frente com alguém diferente, no entanto, nossa tendência é notar esses detalhes e essas idiossincrasias. Como não costumamos notá-las normalmente, os vários traços que percebemos em alguém considerado "anormal" serão vistos como extremos ou anômalos.

Em outro estudo, conduzido em Harvard, uma fita de vídeo foi mostrada a três grupos de estudantes.[4] Para o primeiro, a pessoa na fita recebeu um de diversos rótulos: milionário, homossexual, ex-paciente de um hospital psiquiátrico, divorciado, vítima de câncer. O segundo grupo de estudantes assistiu à fita sem que a pessoa no vídeo fosse rotulada. Esse grupo era composto por estudantes que foram instruídos a observar e pensar sobre a cena que estavam prestes a ver. O terceiro grupo apenas assistiu à fita sem receber instruções, como se estivesse vendo TV. Os espectadores do primeiro e segundo grupos, quer ou não tivessem recebido um rótulo para o homem que estavam assistindo, viram-no com mais atenção do que o terceiro grupo. Quando testados, eles se lembraram de mais características físicas corretamente. Aliás, depois, quando mostramos *slides* de diversas pessoas diferentes, incluindo o homem da fita como ele era ou "modificado" (com óculos e um bigode), os primeiros dois grupos o reconheceram. Tanto o rótulo de desvio e as instruções para prestar atenção os tornaram mais plenamente atentos. O terceiro grupo não o reconheceu.

Apesar da precisão no reconhecimento, os dois grupos plenamente atentos (com e sem rótulo) avaliaram as características da pessoa no vídeo como extremas. Eles julgaram o homem como diferente da maioria das pessoas que conhecem. O terceiro grupo apenas "viu" a pessoa como normal e comum. Dos resultados desse estudo, podemos notar que a presença de alguém rotulado como incomum nos torna mais plenamente atentos (isto é, notamos detalhes específicos), mas também revela como costumamos nos portar feito autômatos. Os traços e detalhes que notamos quando somos plenamente atentos são considerados incomuns ou extremos. Se usarmos essas observações coletadas com total consciência para justificar mentalidades tendenciosas, o preconceito é reforçado.

O gesso pintado

A curiosidade plenamente atenta gerada por um encontro com alguém que é diferente, o que pode levar a percepções exageradas do que é estranho, também pode nos aproximar daquela pessoa se canalizada de modo diferente. Um pequeno incidente que aconteceu muitos anos atrás em New Haven tornou esse efeito claro para mim. Eu estava caminhando até o supermercado quando notei uma jovem vindo da direção oposta. Ela tinha um gesso pesado na perna, para o qual eu olhei ao passar. Trocamos sorrisos amigáveis, e parei para me perguntar por que nossa interação me causou uma sensação agradável. Não senti nenhum desconforto ao olhar para seu pesado gesso. Este estava pintado com muitas cores, convidando a mim ou qualquer um a olhar e, de fato, pensar nele. Minha curiosidade foi legitimada.

Quando discuti esse pequeno incidente com colegas, nos ocorreu uma hipótese para explicar por que evitamos encontros com pessoas que são fisicamente diferentes e também como esse efeito pode ser superado. As pessoas olham fixamente para novos estímulos. No entanto, quando a novidade é uma pessoa, é culturalmente inaceitável encarar. Portanto, argumentamos, talvez as pessoas evitem aqueles que são diferentes numa tentativa de evitar o conflito entre querer encarar e sentir que é inadequado fazê-lo. O gesso pintado resolveu esse conflito; as pessoas eram convidadas a olhar. Sem conflito, não houve esquivamento. (Como eu agora interpreto, estímulos novos provocam atenção plena. Quando o contexto dessa atenção plena não é tabu, as interações podem continuar tranquilamente.)

Para testar essa hipótese, desenvolvemos um experimento.[5] Pedimos aos participantes que se sentassem em uma sala de espera onde depois encontrariam uma parceira pré-selecionada por nós. Essa mulher, que o participante nunca tinha visto, usava órtese na perna, estava grávida ou não tinha nenhuma característica marcante. Uma divisória de vidro permitia observar outra sala de espera. Casualmente explicamos aos participantes que aquela era uma sala experimental e que do outro lado da divisória havia um espelho unidirecional. A parceira entraria na outra sala, e o participante da pesquisa poderia olhá-la sem ser visto por ela. Assim, poderia encará-la sem constrangimento até que o estímulo novo se tornasse familiar. Para metade dos participantes, a cortina que cobria o espelho estava fechada, de modo que eles não podiam observar as parceiras furtivamente. Todos os participantes esperaram na primeira sala supondo que o experimento ainda não tinha começado.

Depois de certo tempo, apresentamos os participantes às parceiras e observamos suas reações. Aqueles que não viram a parceira antes de conhecê-la agiram com maior distanciamento se ela estava com a órtese ou se estava grávida. Por exemplo, eles optaram por se sentar mais longe dela do que da parceira "normal". Até então, claro, essa não foi uma descoberta incomum. As pessoas tendem a evitar indivíduos com algum "desvio". Em contraste, no entanto, quando os participantes tinham visto a pessoa antes e matado sua curiosidade, eles não se sentaram longe da mulher grávida nem da deficiente, nem mesmo demonstraram sinais de esquivamento. Esse experimento bastante objetivo sugere muitas maneiras sobre como encontros com pessoas vistas como diferentes (por exemplo, em escolas onde crianças com deficiência são "incluídas") podem ser melhorados ao oferecer uma válvula para a curiosidade plenamente atenta.

Diferente com atenção plena

Como vimos no último capítulo, ser um elemento estranho em uma empresa ou outra situação pode aumentar a atenção plena. Um rótulo de deficiência ou desvio de qualquer tipo pode ter o mesmo efeito, levando uma pessoa a questionar as mentalidades compartilhadas do grupo.

A dislexia, como vimos no Capítulo 7, pode ter o efeito de manter o indivíduo disléxico com certo nível de atenção plena. Como as pessoas que têm dislexia muitas vezes não enxergam letras e números da mesma forma que as demais, elas não encaram como garantidos outros "fatos aceitos". Ao fazer o dever de casa, crianças disléxicas podem não confiar em si mesmas para processar as informações de modo automatizado, porque não têm certeza se entenderam corretamente. Assim, o aprendizado para essas crianças se torna mais condicional, um modo que, como já comentado antes, tem potencial de instigar um aumento na criatividade.[6]

Deficiências sensoriais, bem como físicas, criam uma série de barreiras que exigem soluções plenamente atentas. Uma pessoa surda, cega ou cadeirante precisa abordar atividades simples, que os demais desempenham feito autômatos, com um estado de espírito mais voltado para a solução de problemas. Hadi Madjid, um economista cego formado em Harvard, escreve sobre os quebra-cabeças contínuos enfrentados por um deficiente. Por exemplo, sobre querer esquiar com os amigos. Ele descobriu que, ao prender sinos aos bastões do esquiador à frente, poderia aprender como descer a trilha.[7] Stephen Hawking, o físico britânico muito prestigiado, teve que aprender a dominar diversos e complexos aparelhos de comunicação (como um teclado que gera uma fala artificial), mantendo-se um passo adiante da doença neurológica que paralisou a maior parte de seus músculos e o tornou incapaz de falar.

Ironicamente, a atenção plena superior que é gerada por uma deficiência, ou outra diferença, pode criar mais uma forma de a pessoa se diferenciar da maioria. Maior atenção plena pode levar a percepções originais que outros talvez considerem bizarras. Essas percepções muitas vezes são mais bem informadas (isto é, podem ser resultado de notar mais distinções sobre o mundo). Então, ao combater o preconceito, a questão não é simplesmente como ensinamos as pessoas a julgar menos, mas também como todos podemos aprender a valorizar as percepções mais criativas de uma pessoa "deficiente" ou "diferente".

Quando não encontram apoio por suas visões originais do mundo, aqueles que são considerados anormais muitas vezes se juntam aos seus pares para afirmar suas percepções. Paradoxalmente, isso pode não incentivar a atenção plena. O aumento da conscientização que leva a mentalidades compartilhadas, em vez de ao contínuo questionamento, pode, na verdade, reforçar o automatismo. Quando aprendem que tudo bem ser velho, homossexual, deficiente, divorciado, alcoólatra em recuperação e assim por diante, as pessoas têm menos probabilidade de questionar suas percepções, incluindo aquelas em áreas não relacionadas ao *status* diferente ou ao grau de habilidade delas.

Enquanto uma visão de mundo plenamente atenta pode vir a ser mais natural para uma pessoa com deficiência, isso talvez não se estenda à sua deficiência. Uma suposição inconsciente de limitações associadas a deficiências específicas pode, em si, ser incapacitante. Esse tipo de automatismo, que diminui as expectativas de uma pessoa deficiente, pode emergir como uma proteção para a autoestima dessa pessoa. A deficiência é usada como uma justificativa para o fracasso e para o mau desempenho. Essas desculpas são úteis para todos nós. Indivíduos sem deficiências com frequência fazem uso de estratégias "autodebilitantes", construindo explicações para possíveis fracassos.[8] Por exemplo, as pessoas podem beber ou evitar estudar muito antes de um exame para poder sentir que, se não tivessem bebido ou tivessem estudado, teriam se saído bem. Essas explicações fabricadas estão mais aptas a ter o sabor da racionalização do que a deficiência "real" da pessoa que sofre do desvio.

Vamos considerar, por exemplo, duas adolescentes que amam andar a cavalo e estão aprendendo a saltar. Uma delas herdou uma condição chamada albinismo, que pode causar problemas de visão. As duas garotas cavalgam igualmente bem, e um dia elas saem a cavalo para praticar salto. O professor de equitação vai aumentando a barra. Finalmente, ela fica tão alta que nenhuma das duas consegue passar, os cavalos se recusam.

No trajeto de volta, a garota "normal" está se repreendendo sem parar, ao passo que a albina não é tão dura consigo mesma. Por causa de sua condição, para o bem ou para o mal, ela não tinha as mesmas expectativas rígidas. Pessoas com deficiências podem estar protegidas dos efeitos negativos do fracasso por terem expectativas mais baixas em relação ao sucesso. Se alguém com uma deficiência e alguém sem deficiência se deparam com uma nova tarefa e fracassam (e esse fracasso é visto por ambos como um reflexo de pouca habilidade), a pessoa com deficiência pode estar mais protegida de uma baixa na autoestima. No entanto, essa mesma proteção pode refrear o avanço do deficiente, na medida em que baixas expectativas prejudicam a performance.[9]

Em uma sociedade para a qual o resultado, em vez do processo, é um valor fundamental[10] (pela nossa definição, uma sociedade mais automatizada), o desvio e a deficiência estão muito mais propensos a afetar a autoestima. Por exemplo, um estudante surdo que está constantemente comparando sua compreensão das aulas com a dos colegas de sala que não têm problemas de audição pode se sentir inferior. O mesmo estudante, em vez disso, se concentrando em dominar as sutilezas da leitura de lábios pode se sentir altamente estimulado. Aliás, em uma sociedade preocupada principalmente com o processo, a ideia de desvio teria muito menos significado, se é que teria algum.

Desativar mentalidades

A menos que cresçamos com uma pessoa com deficiência na família, a maioria de nós aprende sobre debilidades como algo que não é relevante. Estereótipos inconscientes (comprometimentos cognitivos precoces) podem ser aceitos sem pensamento crítico. Se mais tarde a questão se torna relevante, pode ser difícil abandonar essas mentalidades. Por exemplo, o que acontece com as pessoas que se tornam deficientes em decorrência de um acidente? Elas podem se tornar vítimas das próprias mentalidades. Se aceitaram de forma automática uma relação entre deficiências físicas e mentais, elas podem se preocupar desnecessariamente com a possibilidade de suas faculdades mentais terem sido prejudicadas também. Se uma deficiência se torna relevante para nós não por causa de um ferimento pessoal, mas pelo de um parente próximo, um filho, por exemplo, os antigos estereótipos podem afetar a relação. Um pai ou uma mãe que um dia internalizou uma imagem antiquada de um "idiota do vilarejo" pode reagir a um filho surdo-mudo como se ele tivesse uma deficiência mental.

Esses estereótipos generalizantes também nos impedem de nos beneficiar dos talentos à nossa volta. Se o time de futebol americano da escola precisa planejar melhor as estratégias contra um adversário, por exemplo, e a melhor pessoa para a tarefa for um excelente estrategista do esporte, ela pode não receber o pedido de ajuda porque está em uma cadeira de rodas. Se você deixa de votar em um político porque ele é homossexual, menospreza uma cirurgiã por ser mulher, um psiquiatra por ser cego ou uma consultora em potencial porque ela só tem um braço, pode perder o profissional mais qualificado.

Claro, até mesmo a definição de *desvio* pode ser enganosa. Já mencionamos que qualquer distinção categórica pode ser desfeita e transformada em mais distinções. Quando nos conscientizamos dessas distinções e criamos uma quantidade suficiente delas, pode não ser mais possível ver o mundo em termos de grandes categorias polarizadas como negro e branco, normal e deficiente, homossexual e heterossexual. Com a cor da pele, essa dificuldade é bastante óbvia. Mas vamos considerar a distinção entre homo e heterossexuais. Essas categorias parecem não se sobrepor; existem pessoas que preferem se relacionar sexualmente com as do mesmo sexo, e existem aquelas que se envolvem sexualmente com o sexo oposto. Sem dúvida, isso está claro.

O bissexual, que gosta de fazer sexo com ambos os gêneros, é a primeira exceção óbvia a essa distinção. Em seguida, onde situamos um homem que prefere fantasiar sobre homens enquanto faz sexo com mulheres? E uma pessoa celibatária; o travesti casado; a pessoa que tem relações com um transexual do sexo oposto; ou a pessoa que era heterossexual, teve uma experiência homossexual e agora não tem um parceiro? Para seguir um pouco mais com esse raciocínio, onde colocamos o suposto casal heterossexual, ou homossexual, que não faz mais sexo? Este não é um grupo pequeno.

Se as categorias "heterossexual" e "homossexual" se aplicam exclusivamente à atividade sexual, então, durante o tempo em que as pessoas não estão fazendo sexo, elas podem ser classificadas em qualquer uma delas. Podemos chamá-las de heterossexuais se seu último encontro foi heterossexual; homossexual se seu último encontro foi homossexual. Se a maioria de sua experiência sexual foi com o sexo oposto, no entanto, talvez devêssemos considerá-la heterossexual. Mas e se as melhores experiências foram homossexuais? E assim por diante. Além do mais, se a definição de sexualidade de alguém for baseada na natureza do comportamento em vez de com quem ele ocorreu, que sentido faria rotular os casais como "homo" ou "hetero" se todos têm o mesmo comportamento? Vamos considerar onde colocar um homem impotente, mas que ainda tenta satisfazer a esposa, ou uma mulher que gosta de preliminares, mas não de ser penetrada.

Por razões ainda mais óbvias, não faz sentido falar dos deficientes físicos como uma categoria. Descrever atividades específicas para as quais uma pessoa com uma deficiência em particular pode ser menos competente reduz a qualidade generalizante do rótulo da deficiência e, assim, como já afirmamos, constitui apenas um aspecto dessa pessoa em vez de sua identidade inteira. Essa perspectiva plenamente atenta deveria reduzir a importância do desvio tanto para o ator quanto para o observador, uma vez que logo veríamos que todos temos uma "deficiência". O desvio como uma categoria depende, para sua definição, de outra categoria, "normal", em relação à qual é mutuamente excludente. Definir "normal" requer julgamentos avaliativos. Ser "paraplégico" ou "diabético", estar "gordo demais" ou "magro demais", sugere que existe uma forma ideal de ser humano. Ter um "desvio" significa que alguém não pertence a esse suposto grupo "normal". Em si mesma, essa ideia de desvio não faz sentido.

Discriminação sem preconceito

Uma perspectiva plenamente atenta reconhece que todos temos desvios em relação à maioria no que diz respeito a alguns de nossos atributos, bem como que cada atributo ou habilidade faz parte de um todo. Essa consciência leva a *mais* categorias e, por consequência, menos estereótipos generalizantes ou, como já foi afirmado neste livro, aumentar a discriminação pode reduzir o preconceito.

Para testar o efeito de aumentar as distinções plenamente atentas na percepção de desvio, Richard Bashner, Benzion Chanowitz e eu realizamos um experimento em uma escola de ensino fundamental.[11] Tentamos descobrir se encorajar as crianças a fazer distinções ativamente lhes ensinaria que deficiências têm tarefas e contextos específicos. As crianças viram *slides* de pessoas com diferentes habilidades e, então, receberam um questionário relacionado a essas imagens. Para o grupo experimental, pedimos diversas respostas para cada pergunta. Para o de controle, pedimos apenas uma resposta para cada questão.

A maioria de nós é criada para encontrar *a* (em vez de *uma*) resposta para perguntas. Não é fácil elaborar diversas alternativas. Ao pedir que as crianças do primeiro grupo dessem várias respostas diferentes para cada pergunta, também lhes pedimos para fazer novas distinções plenamente atentas. O grupo que dava uma resposta (ainda que uma diferente para cada *slide*) não estava exercitando essa capacidade. Nossa hipótese era a de que o treinamento em atenção plena resultaria em menos discriminação *indiscriminada*.

Por exemplo, uma das imagens mostrava uma mulher que era cozinheira. Ela foi identificada como surda. Pedimos que o grupo experimental escrevesse quatro razões por que ela poderia ser boa em sua profissão e quatro razão por que ela poderia não ser. O grupo de controle recebeu a orientação de listar uma razão boa e uma ruim. A este grupo, para manter os números constantes, fizemos seis perguntas adicionais que pediam apenas uma resposta. Diversas questões desse tipo foram feitas sobre diferentes profissões.

Uma segunda parte desse experimento apresentou situações-problema e perguntou para as crianças "como" poderiam ser resolvidas. Elas deveriam listar o máximo de maneiras que conseguissem pensar (grupo experimental) ou apenas responder se poderiam ser solucionadas (grupo de controle). Por exemplo, quando viram uma mulher numa cadeira de rodas, perguntamos, em detalhe, *como* essa pessoa podia dirigir um carro ou simplesmente se *podia* dirigir um carro.

Um terceiro exercício de fazer distinções envolveu encontrar explicações para eventos. Mostramos às crianças um *slide* e uma pequena descrição por escrito do que estava acontecendo (por exemplo, uma garota derrubando café em um refeitório). Pedimos ao grupo experimental para pensar em diferentes explicações para a situação, enquanto o de controle mais uma vez deveria considerar apenas uma. O número de explicações solicitadas para cada grupo de questões aumentou ao longo do treinamento para o grupo experimental. O mesmo número de *slides* foi apresentado para cada criança.

Depois de todo esse "treinamento", as crianças receberam diversos testes para avaliar o preconceito. Um media a discriminação geral de deficiência. Elas viram imagens de crianças com e sem diversas deficiências e tiveram de indicar quem queriam em seu time para atividades como damas, futebol, canto, cabo de guerra, corrida de cadeira de rodas, partida de frisbee, gangorra e pregar a cauda no burro. Escolhemos deficiências e atividades de modo que crianças não deficientes fossem mais adequadas para algumas tarefas, crianças com deficiências para outras, e algumas atividades em que a presença ou não de deficiência não importasse. Por exemplo, a experiência em uma cadeira de rodas seria útil para a corrida de cadeira de rodas, assim como ser cego não prejudicaria a performance na atividade de pregar a cauda no burro.

No entanto, nenhuma das duas seria especialmente útil em uma partida de futebol, e para o canto essas deficiências seriam irrelevantes.

Nossos resultados demonstraram que as crianças são capazes de aprender que deficiências podem ser específicas de algumas funções e não de pessoas. Aqueles que fizeram o treinamento em fazer distinções com atenção plena aprenderam a discriminar sem preconceito. Esse grupo também teve menos probabilidade do que o grupo de controle de evitar uma pessoa com deficiência. Na essência, foi ensinado às crianças que atributos são relativos e não absolutos, que se algo é uma deficiência ou não depende do contexto. Essa visão plenamente atenta das deficiências pode ser uma habilidade valiosa conforme essas crianças crescem e adentram a grande categoria de pessoas que a nossa sociedade enxerga como deficiente, idosos ou, ao longo do caminho, se juntam à categoria de "paciente".

10

Cuidar do necessário: atenção plena e saúde

> Existe uma separação entre mente e corpo, e, nesse caso, qual é melhor?
> – Woody Allen, *Getting Even*

Desde o começo da infância aprendemos a ver mente e corpo como separados e a considerar, inquestionavelmente, este como mais importante. Aprendemos que "paus e pedras podem quebrar os ossos, mas palavras jamais me atingirão". Se há algo de errado com nosso corpo, vamos para um determinado tipo de médico, ao passo que, quando temos um "problema mental", vamos a outro. Muito antes de termos qualquer razão para questioná-la, essa cisão é enraizada em nós de forma profunda. É uma das nossas mentalidades mais fortes, um perigoso comprometimento cognitivo precoce.

Mas mente e corpo nem sempre foram vistos como duas coisas separadas. Houve períodos na história e culturas em que esse dualismo não era uma suposição. *Sir* Charles Sherrington, ao falar sobre o conceito aristotélico de mente, destaca que a "impressão deixada por *De Anima* é a total certeza de Aristóteles de que o corpo e seu pensamento são apenas uma existência [...] a unidade do corpo vivo e sua mente parece estar na base de toda a descrição".[1] Hoje, entre os !Kung, um povo do deserto Kalahari no sul da África, práticas de cura para problemas físicos e psicológicos são as mesmas. Suas danças de cura que duram a noite toda são realizadas para tratar desde problemas conjugais até tosses, passando por falta de leite materno. A energia de cura da comunidade é concentrada na pessoa toda, não só em uma doença ou parte do corpo.[2]

Como vimos na discussão sobre entropia do Capítulo 3, muitos cientistas, como James Jeans e Arthur Eddington, questionaram a visão do universo como uma grande máquina, uma realidade puramente física. "Pelo universo físico corre aquele continente desconhecido que sem dúvida deve ser a matéria da nossa consciência",[3] escreveu Eddington. No entanto, na psicologia, uma visão dualística tem sido persistente. Como, até o fim do século passado, a psicologia como disciplina era considerada uma ramificação da filosofia, as ideias que os psicólogos tinham da mente derivavam das dos filósofos. A separação entre mente e corpo é atribuída por muitos historiadores a Descartes, que via a mente como não material e o corpo, como material. Apenas o corpo estava sujeito às leis mecânicas. Ainda que muitos pensadores posteriores tenham refutado essa perspectiva, ela persistiu durante muito tempo na psicologia e ainda perdura na maneira como nos enxergamos. Behavioristas como Watson e Skinner desafiaram essa noção no início do século e argumentaram que o comportamento poderia ser compreendido colocando o foco apenas naquilo que podia ser observado, incluindo os antecedentes e as consequências do comportamento. O início do behaviorismo defendeu que as atitudes tinham causas ambientais ou situacionais, mas não mentais. Nessa escola de pensamento, a vida pode ser descrita sem referência aos eventos mentais; existem apenas estímulos e reações físicos. A mente é vista como um constructo vazio, um epifenômeno.

Até os anos 1950, a escolha dos psicólogos ficava entre o dualismo e o behaviorismo. A linguagem do dualismo prevaleceu. Mesmo entre aqueles que estavam estudando apenas o comportamento, permaneceu, na vida para além do laboratório pelo menos, uma ideia implícita da distinção mente/corpo. Hoje em dia, boa parte do foco da psicologia mudou para o estudo da cognição. Apesar de a palavra *cognição* ser sinônimo de atividade mental, a pesquisa nesse campo é feita de modo que testes e processos cognitivos sejam comportamentais. No novo campo da neurociência, o dualismo parece ter ressurgido como uma distinção mente/corpo.

Dualismo: uma mentalidade perigosa

Tudo isso seria uma questão de semântica ou filosofia acadêmica não fosse o fato de uma visão rígida da mente como separada do corpo ter consequências sérias. Entre as mais extremas está o fenômeno da "morte psicológica". O paciente mencionado no Capítulo 4, que melhorou ao ser transferido para uma ala mais otimista e morreu a voltar para a ala "irremediável", mostra que distinções entre doenças físicas e mentais são questionáveis. A falha de crescimento (a síndrome *failure to thrive* ou FTT), vista em instituições onde bebês recebem cuidados físicos adequados, mas não carinhos e estímulos suficientes, é outra consequência ao se ignorar a interdependência da saúde física e mental.

Um tipo de dualismo relacionado, que também tem potencial danoso, é a distinção entre pensamento e sentimento (cognição e afeto). Ainda que a cognição em geral seja vista como necessária para que a emoção possa ser vivenciada,[4] alguns psicólogos, incluindo William James,[5] veem a emoção como um estado puramente corpóreo. A mudança visceral, por essa perspectiva, é a emoção.[6] Robert Zajonc, da Universidade de Michigan, argumentou que a cognição não é necessária para vivenciar o afeto.[7] Ele demonstrou que quando os participantes de um experimento ouviram tons que, ainda que involuntariamente, tinham ouvido antes e outros que nunca tinham ouvido, eles preferiram sequências de tons já conhecidos, mesmo que não conseguissem distinguir entre os dois com base na familiaridade. Aqui, os sentimentos pareceram preceder o pensamento. Apesar de não saberem que já os tinham escutado antes, eles os preferiram. Separar as duas funções ou tentar reduzir uma à outra não me parece fazer sentido. Tampouco é suficiente vê-las simplesmente como relacionadas. Em vez disso, compreendê-las como partes em uma reação simultânea total, uma reação que pode ser medida de muitas maneiras diferentes, pode ser mais esclarecedor. Por exemplo, um teste de inteligência pode ser visto como uma medida do bem-estar emocional do indivíduo no momento em que foi realizado, bem como uma avaliação de QI. Para que um estímulo seja emocionalmente provocativo, primeiro, ele precisa ser pensado de alguma forma. Ter medo de um leão é pensar com medo em um leão; admirar um cavalo é pensar com admiração em um cavalo; e assim por diante. O pensamento e a reação física correm simultaneamente. Para ver algo, é preciso distingui-lo de outra coisa. Para ouvir, o mesmo acontece. Uma imagem só pode ser vista sobre algum pano de fundo. Como a percepção é um processo construtivo, a mesma forma em diferentes contextos gera diferentes estímulos. Assim, um leão visto em uma jaula em um zoológico, ou em uma arena de circo, não é assustador. O "mesmo" leão, visto da mesma distância no seu quintal, por exemplo, provavelmente vai ser aterrorizante. Se o leão provoca medo em um contexto e não no outro, então, antes que o medo possa ser vivenciado, é preciso fornecer o contexto desse medo.

Os contextos são aprendidos. Assim como a maior parte do que provoca emoção. E esses contextos emocionais em geral são aprendidos de modo unidimensional. As crianças não aprendem que a maneira como se sentem em um determinado contexto pode ser medo ou prazer. Em vez disso, ensinam a elas que cobras são assustadoras, crepúsculos são relaxantes, mães (e figuras maternais) são amorosas. As emoções implicam comprometimentos cognitivos precoces. Nós as vivenciamos sem nenhuma consciência de que poderiam ser outra coisa, sem nenhuma consciência de que essa é a maneira como nós, ainda que involuntariamente, construímos essa experiência. Se alguém ou alguma coisa contradiz a "verdade" dessas associações emocionais com as quais nos comprometemos, afirmamos que isso parece certo. Como parecem certos, são verdade. Mas eles podem parecer verdade apenas por causa da maneira como foram originalmente aprendidos, assim como uma canção que se ouve de um jeito da primeira vez soa errada se tocada de um jeito diferente depois.

Sem olhar com atenção e notar que o mesmo estímulo em diferentes contextos é um estímulo diferente, tornamo-nos vítimas das associações que nós mesmos construímos. Quando somos atormentados por emoções indesejadas, supomos que não poderia haver outro jeito.

O corpo em contexto

Uma visão integrada de pensamento e emoção possibilita que se entenda a importância do contexto para nossa saúde e nosso bem-estar. Vamos considerar o medo que sentimos quando um médico pede uma biópsia para descartar um câncer. Em alguns casos, um pequeno nódulo na mama ou uma verruga precisa de uma incisão não maior do que a necessária para remover uma farpa. Mas o nosso medo se baseia em nossa *interpretação* do que um médico está fazendo, não apenas no procedimento. Nossos pensamentos criam o contexto que determina os sentimentos. Ao pensar na saúde, e especialmente ao tentar mudar o impacto da doença ou do comportamento que a provoca, é vital compreender o contexto.

Quando pensamos em várias influências na nossa saúde, pensamos em muitas delas como oriundas do ambiente no qual vivemos. Mas cada influência externa é mediada pelo contexto. A reação do nosso corpo não reflete uma correspondência de um para um aos estímulos do mundo externo porque não existe correspondência exata entre o mundo externo e como nós o vemos. Qualquer estímulo pode ser visto como, simultaneamente, muitos estímulos. Nossas percepções e interpretações influenciam a maneira como nosso corpo reage. *Quando a "mente" está num contexto, o "corpo" necessariamente também está nesse contexto.* Para alcançar um estado psicológico diferente, às vezes precisamos colocar a mente em outra situação.

O poder do contexto de afetar o corpo pode ser considerável, chegando ao ponto de influenciar necessidades básicas. Em um experimento sobre fome, os participantes que optaram pelo jejum por um período prolongado por razões pessoais tenderam a sentir menos fome do que aqueles que fizeram jejum por razões extrínsecas (nesse caso, o valor científico do experimento e o pagamento de 25 dólares).[8] Uma taxa ou uma razão extrínseca para desempenhar uma tarefa difícil pode não mudar a maneira como nos sentimos sobre ela. Escolher livremente realizar a tarefa, no entanto, significa que uma determinada atitude foi adotada em relação a ela. No experimento, aqueles que fizeram um comprometimento psicológico pessoal com o jejum relataram sentir menos fome. Também apresentaram menor aumento nos níveis de ácidos graxos livres, um indicador psicológico da fome. Assim, o estado mental diferente significou um estado corporal diferente.

O efeito do contexto na dor é conhecido há muito tempo. Em *The Principles of Psychology*, William James descreve um dr. Carpenter que sofria de nevralgia:

> Ele com frequência começava uma palestra com uma dor nevrálgica tão severa que o fazia recear não ser possível continuar; no entanto, assim que, por um esforço considerável, se lançava ao fluxo de pensamento, ele se via continuamente transportado sem a menor distração, até chegar ao fim, e a atenção ser liberada. Então, a dor retornava com uma força que sobrepujava qualquer resistência, fazendo-o se perguntar como podia tê-la deixado de sentir.[9]

Quando se consegue afastar a mente da dor, esta parece ir embora. Por outro lado, quando a mente volta para ela, o corpo faz o mesmo. Se for possível reinterpretar um estímulo doloroso, ele pode deixar de ser doloroso. Os resultados dessa estratégia podem ser mais duradouros do que apenas distrair a mente, uma vez que, quando o estímulo é reinterpretado, é pouco provável que a mente volte para a interpretação original. No Capítulo 5, vimos como os pacientes podem aprender a tolerar a dor ao vê-la em um contexto diferente (pense nos hematomas decorrentes de um jogo de futebol americano ou em um corte que você sofreu enquanto se apressava para preparar um jantar para seus convidados). Esse exercício de atenção plena os ajudou a usar menos analgésicos e sedativos e sair do hospital antes que os paciente da comparação.

Henry Knowles Beecher comparou a frequência da dor severa, em que era necessário medicamento, entre soldados feridos na Segunda Guerra Mundial e um grupo de comparação de civis.[10] Ainda que os soldados tivessem ferimentos consideráveis, apenas 32% solicitaram remédios, comparados a 83% dos civis. Robert Ulrich relatou que pacientes de cirurgia da vesícula colocados em quartos de hospital com vista para árvores de cores vibrantes no outono tiveram internações pós-operatórias mais curtas e tomaram menos analgésicos do que aqueles em quartos que davam para paredes de tijolos.[11]

Parte do contexto hospitalar é a estranheza. Mas, vista de modo diferente, essa não familiaridade pode desaparecer. Afinal, a equipe do hospital é composta por pessoas, janelas são janelas e camas são camas. E, no entanto, deixamos essa suposta estranheza ter um grande impacto em nós. Em um estudo, K. Järvinen analisou pacientes que tinham sofrido ataques cardíacos sérios e descobriu que eles tinham cinco vezes mais chances de sofrer uma morte súbita durante o turno de uma equipe desconhecida do que seria esperado em qualquer outro período. No entanto, o estranhamento não se dava por conta dos funcionários. A novidade e a familiaridade são qualidades que atribuímos ao ambiente.[12] Se os pacientes tivessem recebido ajuda para ver que os funcionários do hospital eram como pessoas que eles conheciam e com quem se importavam – o que os tornaria mais familiares –, as consequências talvez tivessem sido diferentes.[13]

O contexto pode influenciar até mesmo a precisão dos nossos sentidos. Isso pôde ser constatado num estudo sobre visão que realizei em colaboração com diversos colegas estudantes em Harvard,[14] no qual partimos da crença mantida por muitas pessoas de que os pilotos têm visão excelente. Os participantes eram estudantes do treinamento de oficiais de reserva (ROTC). Pedimos que eles se imaginassem como pilotos da Aeronáutica – ou seja, nós lhes dissemos para tentar *ser* pilotos, em vez de pensar em interpretar um papel. Nossa hipótese era a de que seus olhos acompanhariam o que sua mente acreditava ser a visão de um piloto. Um dos pesquisadores, Mark Dillon, fazia parte do ROTC e conseguiu autorização para usar um simulador de voo. Nossos participantes vestiram uniformes e, com instruções, "voaram", uma atividade que reproduz muito bem um voo. Um grupo de comparação também foi uniformizado, mas, para eles, o simulador estava quebrado, de modo que tiveram que simular a simulação.

Não foi feita nenhuma menção à visão. No início do estudo, antes que o contexto do piloto fosse introduzido, os participantes passaram por um curto exame físico geral em que um teste de visão foi incluído. Enquanto voavam (ou fingiam voar, dependendo do grupo), os participantes foram instruídos a ler os sinais na asa do avião que estavam visíveis da janela do *cockpit*. Esses "sinais" eram letras do teste de visão. Apesar de as descobertas precisarem ser repetidas mais vezes, a visão melhorou para cerca de 40% dos participantes quando estavam no contexto do piloto, enquanto não houve melhoria no grupo de comparação. Quando outros grupos foram acrescentados, com o objetivo de controlar a agitação e a motivação, os resultados se mantiveram basicamente inalterados.

O contexto afeta a fisiologia dos animais, bem como a das pessoas. Para ratos, a superlotação crônica do ambiente, em especial durante o crescimento e desenvolvimento, pode resultar em glândulas adrenais e pituitárias mais pesadas.[15] Outro estudo sugeriu que a diferença encontrada no peso cortical e a largura entre ratos criados em ambientes enriquecidos *versus* criados em ambientes isolados persistiu pelo tempo em que os ratos continuaram vivendo nesses contextos sociais diferentes.[16] Muitos outros estudos realizados por neurocientistas demonstraram mudanças anatômicas semelhantes que resultaram de influências psicológicas.

Um grande *corpus* de pesquisas recentes foi dedicado a investigar a influência das atitudes no sistema imunológico, que é considerado o intermediário entre os estados psicológicos e as doenças físicas. O contexto emocional, isto é, nossa interpretação dos eventos à nossa volta, seria então o primeiro elo em uma corrente que leva a doenças graves. Richard Totman, um psicólogo clínico britânico, descreve uma das possíveis cadeias de eventos "psicossomáticos":

> Estados psicológicos, por meio de seu impacto no centro superior do cérebro e na via pituitária-adrenal-hipotalâmica-límbica, podem alterar alguns equilíbrios sutis que governam as reações do corpo a uma vasta gama de doenças em que o sistema imunológico está envolvido. Elas vão de infecções e alergias até artrite, doenças autoimunes e câncer e incluem numerosas outras enfermidades degenerativas associadas ao envelhecimento. Assim, parece não haver escassez de "entradas" em potencial para as influências psicológicas na causa dessas condições.[17]

Como o contexto é algo sobre o qual temos controle, o contínuo esclarecimento dessas ligações entre estados psicológicos e doenças é uma boa notícia. Doenças consideradas puramente psicológicas e incuráveis podem ser mais passíveis de controle individual do que acreditávamos até então.

Mesmo quando a enfermidade parece progredir inexoravelmente, nossas reações a ela podem ser plenamente atentas ou automatizadas e mudar seu impacto sobre nós. Uma mentalidade muito comum, por exemplo, é a convicção de que câncer significa morte. Mesmo que o tumor ainda não tenha tido efeito em nenhuma função do corpo, raramente alguém se considera saudável depois de ter um câncer maligno diagnosticado. Ao mesmo tempo, é quase certeza que existam pessoas com câncer não diagnosticado andando por aí e se considerando saudáveis. Muitos médicos observaram que, depois de um diagnóstico de câncer, os pacientes parecem entrar em um declínio que tem pouco a ver com o avanço real da doença. Eles parecem, de certa forma, "virar o rosto para a parede" e começar a morrer.

Vício em contexto

Enquanto o alcoolismo e os vícios em drogas em geral são vistos como problemas muito difíceis de tratar, a importância do contexto em ambas as condições abre espaço para otimismo. Por exemplo, até mesmo o grau de embriaguez pode ser modificado com as mudanças das expectativas da pessoa que bebe. Em um experimento, os pesquisadores dividiram um grupo de acordo com sua *expectativa* de receber uma bebida alcoólica (vodca com tônica) ou não alcoólica (tônica). Os participantes foram avisados de que estavam participando de um concurso de degustação e instruídos a provar os líquidos na hora e avaliá-los. Apesar dos efeitos psicológicos presumidos da droga no comportamento, as expectativas foram a principal influência. O que os participantes esperavam determinou quanto eles beberam, a agressividade de seu comportamento e, em geral, quão embriagados pareceram estar.[18] Em um estudo similar, os pesquisadores descobriram que os grupos de homens que acreditavam ter consumido álcool, quer ou não a crença fosse verdadeira, revelaram uma tendência à redução nos batimentos cardíacos.[19]

Essas são apenas algumas poucas das muitas investigações que demonstram que os pensamentos podem ser um determinante mais poderoso das reações fisiológicas creditadas ao álcool do que suas propriedades químicas. Os absurdos dos adolescentes nas festas, geração após outra, provavelmente também são tão influenciados pelo contexto quanto pela quantidade de cerveja consumida. Como vimos no Capítulo 3, todos crescemos com firmes comprometimentos cognitivos precoces em relação a como o álcool afeta o comportamento. Essas mentalidades são influências poderosas no papel que a bebida alcoólica desempenha na nossa vida.

Conselheiros de usuários de drogas observaram que dependentes de heroína têm menos propensão de relatar abstinência quando não se consideram viciados. Aqueles que usam a mesma quantidade de heroína e se consideram dependentes muitas vezes sofrem de sintomas de abstinência muito mais fortes. Relatos de pessoas que trabalham com usuários de heroína revelam que os que são mandados para prisões com reputação de serem "limpas" (isto é, onde se acredita que não exista absolutamente nenhuma possibilidade de obter drogas) parecem não sofrer de intensos sintomas de abstinência, enquanto dependentes em outras instituições onde se acredita ser capaz de obtê-las sofrem a dor da falta de droga. Longe da mente, longe do corpo.

O forte efeito do contexto na dependência também pode ser visto ao trabalhar com veteranos da Guerra do Vietnã. Em um estudo realizado por Lee Robbins e colegas, soldados que tinham um problema com drogas enquanto serviam no Vietnã foram comparados a um grupo similar de dependentes que adquiriram o hábito mais perto de casa. Os veteranos podem ter começado a usar drogas para lidar com o estresse agudo da guerra. Como essa justificativa externa foi deixada para trás no Vietnã, o mesmo ocorreu com sua suposta dependência das drogas.[20] Um efeito ainda mais dramático do contexto foi relatado em relação à *overdose*.[21] Conforme a experiência com drogas como opiáceos aumenta, a tolerância se intensifica. Os usuários recorrem a doses que teriam sido fatais antes. Muitos deles morrem, no entanto, de uma dose que *não* deveria ser fatal. Shepard Siegel e alguns colegas pesquisadores sugeriram que a falência de tolerância no dia em que ocorreu a *overdose* é uma decorrência do contexto. Em um experimento com ratos, eles descobriram que, se uma grande dose de uma droga fosse dada na presença de indícios associados a doses subletais, os ratos teriam mais probabilidade de sobreviver do que aqueles que receberam a mesma dose em uma situação não associada à droga em uma ocasião anterior. A tolerância de ambos os grupos foi diminuída quando a droga foi administrada em um ambiente não familiar. Siegel e seus colegas concluíram: "Históricos farmacológicos pré-teste idênticos não necessariamente resultam numa demonstração de tolerância equivalente ao efeito letal da heroína". Em cada estudo realizado por eles, aqueles que estavam em situações incomuns tiveram mais probabilidade de morrer de "*overdose* do que aqueles em situação familiar".

Se o contexto pode mudar não apenas a severidade dos sintomas de abstinência, mas até o efeito de uma *overdose* de droga, a dependência pode ser mais controlável do que se costuma acreditar. Porque, ao contrário dos ratos, seres humanos podem mudar tanto o contexto situacional (por exemplo, se inserir em um ambiente familiar ou livre de drogas, ou enxergar o familiar no ambiente aparentemente não familiar) e, mais importante, o contexto emocional (o significado da dependência).

Todos conhecemos pessoas que pararam de fumar "por conta própria e de uma vez". Elas obtêm sucesso porque seu comprometimento de parar coloca os sintomas da abstinência em um novo contexto? Por muitos anos, eu parava de fumar de tempos em tempos, achava aquilo difícil demais e começava de novo, assim como muitas pessoas. Quando parei da última vez, quase dez anos atrás, não tive sintomas de abstinência. Não havia força de vontade envolvida, eu simplesmente não sentia o desejo de fumar. Onde ele foi parar?

Jonathan Margolis e eu exploramos essa questão em dois estágios. Primeiro, tentamos descobrir se os fumantes em um contexto não fumante sentiam desejos intensos.[22] Questionamos fumantes em três situações: em um cinema, no trabalho e em um feriado religioso. No saguão de um cinema, onde não é permitido fumar dentro da sala, abordamos pessoas que estavam fumando e perguntamos se poderíamos lhes fazer breves perguntas durante o filme e, de novo, na saída, mas antes de acenderem um cigarro. No ambiente de trabalho, testamos os participantes em situações em que fumar não é permitido e também antes e depois de um intervalo, quando era permitido fumar. Finalmente, a judeus ortodoxos, proibidos por sua religião de fumar durante o Sabá, fizemos perguntas durante e imediatamente depois do dia sagrado. Os resultados em cada situação foram bem parecidos. As pessoas não sofreram sintomas de abstinência quando estavam nos contextos onde era proibido fumar. Ao voltar para um contexto onde fumar era permitido, no entanto, o desejo ressurgia. Todos os participantes escaparam da necessidade de fumar de forma automatizada. Eles poderiam ter atingido a mesma coisa deliberadamente? "Posso resistir a tudo, menos à tentação", diz um personagem de Oscar Wilde em *O leque de lady Windermere*. Nossa questão aqui é: as pessoas podem controlar a experiência da tentação?

Ao desenvolver o segundo experimento para responder a essa pergunta, Jonathan e eu trabalhamos com a hipótese de que um dependente plenamente atento olharia para a dependência de mais de uma perspectiva.[23] De uma posição que implica mente aberta, fica claro que existem vantagens, bem como desvantagens, para o vício. Ainda que talvez óbvio, esse não costuma ser o ponto de vista de alguém tentando romper com um hábito ou dependência. As pessoas que desejam parar de fumar, por exemplo, em geral examinam apenas as consequências negativas de fumar. Elas lembram a si mesmas dos riscos para a saúde, do cheiro ruim, das reações das outras pessoas ao cigarro etc. Mas, quando fumam, não estão pensando nos danos à saúde nem no cheiro, então tentar parar por essas razões muitas vezes resulta em fracasso. Parte da razão por que não conseguem parar é porque todos os aspectos *positivos* da dependência ainda têm um apelo forte. O relaxamento, o gosto, o hábito sociável de parar o que está fazendo para fumar um cigarro continuam tentadores. Uma abordagem mais plenamente atenta seria olhar com cuidado para todos esses prazeres e descobrir outras maneiras de obtê-los. Se as necessidades atendidas por uma dependência puderem ser satisfeitas de outras formas, deveria ser mais fácil abrir mão dela.

Para testar se essa perspectiva dual estava em ação quando as pessoas pararam de fumar, Jonathan e eu tentamos uma tática indireta. Selecionamos um grupo que já tinha parado de fumar e elogiamos cada um deles por conseguir fazê-lo. Então, prestamos muita atenção se os participantes aceitavam os elogios. Para entender nossa estratégia, imagine ser elogiado por ser capaz de soletrar palavras de três letras. Um elogio não significa muito se a tarefa é fácil. Por outro lado, se você resolve um problema terrivelmente difícil, é provável que um elogio seja muito bem-vindo. Depois perguntamos aos mesmos participantes que fatores eles levaram em consideração quando decidiram parar de fumar. Aqueles que deram respostas taxativas, citando apenas as consequências negativas, estavam mais propensos a ser aqueles que aceitavam os elogios. Aqueles que enxergaram os dois lados em geral não ligaram.

Meses depois, entramos em contato com as pessoas do estudo para ver se ainda eram ex-fumantes. Daqueles que conseguimos contatar, os participantes que tinham considerado os aspectos positivos de fumar e evitaram os elogios tiveram mais probabilidade de obter sucesso em parar.

Esse trabalho abre algumas questões interessantes para a pesquisa e a terapia de dependência. Enquanto reconhecer as razões positivas para o vício e encontrar substitutos não é fácil, a tentativa de fazê-lo pode nos ajudar a descobrir meios mais plenamente atentos de romper hábitos destrutivos.

O placebo tradicional: enganando a mente

Uma técnica bem conhecida para nos ajudar a controlar as funções do corpo que não eram vistas anteriormente como algo sob controle consciente é o *biofeedback*. Nos anos 1960, ficou claro que o controle intencional dos sistemas internos "involuntários" de uma pessoa – como os batimentos cardíacos, o fluxo sanguíneo e as ondas cerebrais – era possível com o auxílio de um equipamento de *biofeedback*. Este monitora os processos internos e os torna visíveis para os pacientes em diversos tipos de monitores e dispositivos de medição. Dessa forma, ele fornece *feedback* enquanto os pacientes tentam afetar o funcionamento do próprio corpo. Por tentativa e erro, reações "involuntárias" parecem se tornar controláveis por uma pessoa. Nos anos que seguiram a primeira demonstração do *biofeedback*, pesquisadores como eu questionaram por que esses dispositivos externos são necessários. Por que as pessoas precisam olhar para essas máquinas em busca de *feedback* em vez de analisar sinais internos? Em outras palavras, podemos nos treinar para nos tornarmos plenamente atentos sobre os processos dentro do nosso corpo?

Outro método de monitorar os poderes de cura do corpo de forma passiva ou indireta é o uso de placebos. O placebo é uma substância inerte preparada para se parecer com uma droga ativa e dada aos pacientes em experimentos para que se tenha uma base de comparação dos resultados de determinada droga. A maioria desses experimentos é duplo-cego, o que significa que nem o pesquisador nem o paciente sabe quem está recebendo a droga e quem está recebendo o placebo. Em geral, os placebos também têm um efeito, e a diferença de grau entre esse efeito e o da droga estudada é usada como medidor de eficiência. Para que um medicamento seja comercializado, seu desempenho precisa ser superior ao do placebo. Se não encontrarem diferença entre pílulas reais e placebos, os pesquisadores são levados a crer que o medicamento físico foi ineficiente. No entanto, existe uma margem para questionamento aqui, porque os placebos podem ter efeitos poderosos. Aliás, uma parte considerável do efeito da maior parte das prescrições é considerada um efeito placebo. Uma piada conhecida sobre medicamentos novos alerta os médicos a usá-los assim que possível e com o máximo de frequência, enquanto ainda têm o poder de curar.

Quando os pacientes recebem um placebo e melhoram, a doença é considerada "apenas psicológica". (Aqui vemos o velho dualismo mente/corpo vivo e atuante.) É interessante que ninguém teste a eficiência de substâncias ativas dizendo aos pacientes que "isso é apenas um placebo". (Esse reconhecimento implícito do poder da mente vai alterar o efeito da substância?)

Apesar do grande interesse por placebos, por enquanto, ninguém sabe exatamente como eles funcionam. Em um esforço para explorar o tema, pesquisadores usaram "tratamentos placebo" para modificar o sistema imunológico de ratos. Um estudo impressionante perguntou quanto tempo a vida de ratos geneticamente predisposta a uma doença chamada *systemic lupus erythematosus*, ou lúpus eritematoso sistêmico, poderia ser estendida com um tratamento placebo.[24] Nessa doença "autoimune", o sistema imunológico coloca o corpo contra si mesmo. Um grupo de ratos recebeu, imediatamente depois de beber um líquido novo, uma injeção semanal de uma droga que suprimia a reação imune. Um segundo grupo recebeu o mesmo tratamento, a droga e o líquido novo, mas uma injeção sem efeito foi administrada no lugar da droga durante metade do tempo. Assim, esse segundo grupo recebeu apenas metade da quantidade total de droga recebida pelo primeiro. O terceiro grupo recebeu tratamento idêntico ao segundo, exceto pelo fato de que as injeções e o novo líquido não foram administrados juntos, mas em dias diferentes. Finalmente, um grupo de controle de ratos recebeu a bebida nova uma vez por semana, junto com a injeção sem efeito. Esse grupo nunca recebeu a droga imunossupressiva.

A comparação crítica, para os nossos propósitos, é entre o segundo e o terceiro grupos. Se a doença avançou mais devagar no segundo do que no terceiro, os ratos de algum modo estavam suprimindo sua própria doença autoimune de uma forma que não podia ser atribuída à droga. Foi exatamente isso o que se descobriu. O índice de mortalidade do segundo grupo foi consideravelmente menor. O índice de mortalidade do terceiro grupo foi, de fato, o mesmo que o do grupo de controle. Também impressionante foi o fato de que os índices de mortalidade do primeiro e do segundo grupos foram quase iguais, ainda que o primeiro grupo tenha recebido o dobro da quantidade da droga ativa. O poder do placebo de produzir um efeito consistente no sistema imunológico foi intensamente confirmado.

O efeito placebo é real e poderoso. Quem está cuidando da cura quando alguém toma um placebo? Por que não podemos apenas dizer para nossa mente "conserte este corpo debilitado"? Por que precisamos enganar nossa mente para mobilizar nossos próprios poderes de autocura? Placebos, hipnose, autossugestão, cura pela fé, visualização, pensamento positivo, *biofeedback* estão entre as muitas maneiras como aprendemos a invocar esses poderes. Cada uma pode ser vista como um dispositivo para mudar mentalidades, possibilitando-nos ir de um contexto não saudável para um saudável. Quanto mais aprendermos sobre como obter isso de modo plenamente atento e deliberado, em vez de precisar contar com essas estratégias elaboradas e indiretas, mais controle teremos sobre a nossa própria saúde.

O placebo ativo: mobilizar a mente

Em diversas práticas de cura que acabamos de mencionar, o papel do indivíduo em propiciar a mudança não é, de maneira nenhuma, passivo. Um esforço intencional de mudar uma mentalidade não saudável ou um comprometimento cognitivo precoce é evidente. Vamos considerar a hipnose, por exemplo. Os mais contemporâneos escritores sobre o tema concordam que a hipnose não pode ocorrer sem a consentimento do hipnotizado. Alguns chegam ao ponto de dizer que toda hipnose é auto-hipnose.[25]

O tratamento de verrugas oferece uma ilustração bastante gráfica desse poder de autocura. As verrugas, que acreditamos ser causadas por uma invasão viral, são qualificadas como uma condição física "real": elas são visíveis, tocáveis e duradouras. No entanto, elas reagem à hipnose. Como o biólogo Lewis Thomas escreveu em *The Medusa and the Snail*: "É possível fazer as verrugas sumirem com o que só pode ser chamado de pensamento ou algo parecido com pensamento [...] É uma das grandes mistificações da Ciência: pode-se ordenar que as verrugas sumam da pele por sugestão hipnótica".[26]

Thomas descreve um dos diversos experimentos em que um grupo foi submetido a uma sugestão hipnótica para se livrar de verrugas, e os demais participantes, os do grupo de controle, não receberam essas instruções. Do grupo experimental, 9 de 14 pessoas obtiveram sucesso em se livrar das verrugas em comparação a ninguém no grupo de controle. Thomas destaca como seria difícil conseguir fazer isso sem a sabedoria do corpo. Seria preciso ser um "biólogo celular de renome mundial" para saber que ordens dar para eliminar uma verruga. No entanto, os participantes experimentais que removeram as próprias verrugas eram indivíduos de formação mediana. Outro experimento com verrugas revela quão específicas nossas ordens para o corpo podem ser. Catorze participantes sob hipnose foram instruídos a eliminar as próprias verrugas, mas apenas de um lado do corpo. Nove dos participantes conseguiram chegar a esse resultado, tornando-se totalmente livres de verrugas de apenas um lado.[27]

Apesar do papel que desempenhamos na cura que ocorre sob hipnose, o processo ainda parece um tanto passivo. Como podemos atuar em nossa própria saúde de modo mais ativo? Em primeiro lugar, precisamos recuperar o controle tirado pela experiência de consultar um "especialista" como autômatos. Desde que contamos com nossa mãe para fazer um joelho roxo melhorar com um curativo e um beijo, nós nos apegamos à suposição de que alguém, em algum lugar, pode nos fazer melhorar. Se vamos a um especialista e ouvimos um nome em latim para o nosso problema e recebemos uma receita, essa antiga mentalidade é reconfirmada. Mas e se ouvirmos o nome em latim sem a receita? Imagine ir ao médico por causa de algumas dores e desconfortos e ouvir que você tem *Zapalitis* e que pouco pode ser feito para curá-lo. Antes de saber que era *Zapalitis*, você prestou atenção a cada sintoma de modo plenamente atento e fez o que pôde para se sentir melhor. No entanto, agora ficou sabendo que nada pode ser feito. Então não faz nada. Sua motivação de fazer alguma coisa para diminuir as dores, de ouvir seu corpo, é frustrada por um rótulo.

Na última década, aproximadamente, um novo tipo de paciente/consumidor empoderado tentou restaurar o controle sobre a própria saúde. Muitas das terapias alternativas buscadas por esse paciente têm como ingrediente ativo o aumento da atenção plena. Por exemplo, Carl Simonton trabalhou por anos para erradicar a mentalidade do câncer como uma sentença de morte. Ele acredita que o câncer é muitas vezes um sintoma das dificuldades na vida de uma pessoa. "O paciente de câncer tipicamente reage a esses problemas e estresses com uma profunda sensação de desesperança ou de 'desistir'."[28] Essa reação emocional, acredita Simonton, começa a enviar respostas fisiológicas que suprimem as defesas naturais do corpo, que, por sua vez, tornam o corpo suscetível à produção de células anormais. A técnica Simonton para ajudar pacientes com câncer envolve imaginação ativa por parte do paciente. O paciente deve visualizar a doença e visualizar as células "boas" no corpo, a quimioterapia ou a radiação destruindo o câncer. Para participar desse processo, o paciente precisa trocar a mentalidade do câncer como algo que mata pela do tumor sendo morto.

A abordagem de Norman Cousins para suas próprias enfermidades graves (uma das primeiras terapias "alternativas") envolvia uma mudança radical de contexto. Ele saiu do hospital e foi para um hotel, onde trocou os tubos intravenosos e o ambiente estéril por filmes antigos dos Irmãos Marx. Em *Anatomy of an Illness*, ele descreve a mudança que ocorreu em sua mente como rápida e completa.[29]

Existem muitos outros métodos de cura alternativos além dos descritos aqui. A questão é simplesmente demonstrar a similaridade entre esses métodos e as definições de atenção plena já descritas. Sempre que tentamos nos curar, e não relegar por completo essa responsabilidade para os médicos, cada passo é plenamente atento. Por exemplo, nós questionamos categorias destrutivas de doenças (como a imagem do câncer como uma sentença de morte). E acolhemos novas informações, seja do nosso corpo, seja dos livros. Olhamos para as nossas enfermidades de mais de uma perspectiva (a médica). Trabalhamos para mudar os contextos, seja um ambiente de trabalho estressante ou uma visão deprimente, em vez de positiva, do hospital. Por fim, a tentativa de se manter saudável, em vez de "ser curado", nos envolve necessariamente no processo, não no resultado.

Até o momento trabalhei principalmente com idosos aplicando a teoria da atenção plena à saúde. O sucesso em aumentar a longevidade fazendo mais demandas cognitivas para os residentes de casas de repousos (como já mencionado) ou ensinando meditação ou técnicas de pensamento novo e flexível nos dão fortes razões para acreditar que as mesmas técnicas podem ser usadas para melhorar a saúde e encurtar as doenças em fases anteriores da vida.[30]

Em um experimento recente, demos a pessoas com artrite diversos problemas de palavras interessantes para aumentar sua atividade mental. Por exemplo, os participantes desse grupo receberam ditados levemente modificados, como "é melhor um pássaro voando do que dois na mão", e tiveram que explicá-los. O grupo de comparação recebeu a versão conhecida. No grupo da atenção plena, não só as medições subjetivas de conforto e prazer mudaram, mas parte da química da doença (índices de sedimentação do sangue, nesse caso) também foi afetada.[31] Não houve mudanças significativas no grupo de comparação.

Neste capítulo, descrevi de modo implícito duas maneiras como aprendemos a influenciar a saúde: trocar mentalidades não saudáveis por saudáveis, e aumentar um estado geral de atenção plena. O segundo é mais duradouro e resulta em maior controle pessoal. O valor real dos "placebos ativos" surge quando as pessoas os colocam em ação por conta própria. Vamos considerar como você aprendeu a andar de bicicleta. Alguém mais velho e maior segurou você no assento para não o deixar cair até que conseguisse se equilibrar. Então, sem o seu conhecimento, essa mão forte o soltou e você pedalou por conta própria. Controlou a bicicleta mesmo sem saber. O mesmo ocorre com todos nós na maior parte da vida. Controlamos nossa saúde, ou o progresso de nossas doenças, sem saber de fato que o fazemos. Na bicicleta, no entanto, em algum momento você se deu conta de que estava no controle. Este pode ser o momento de aprender a reconhecer e usar nosso controle sobre uma doença.

De certa forma, precisamos ser capazes de "tomar" um placebo, em vez de uma pílula. Enxergar a mente e o corpo como uma unidade significa que, onde quer que coloquemos a mente, podemos colocar o corpo. Para a maior parte de nós, no presente pelo menos, a mente pode ser enganada para chegar a um lugar saudável. Quando aprendemos a colocá-la nesse local conscientemente, as evidências sugerem que o corpo pode muito bem vir junto. Em um livro adequadamente chamado *New Bottles for New Wine*, Julian Huxley cita o próprio avô, o grande cientista do século XIX Thomas Huxley, sobre a questão de acreditar: "Todos deveriam ser capazes de oferecer uma razão para a fé que tem em si. Minha fé está nas possibilidades humanas".[32]

EPÍLOGO

Além da atenção plena

Corin: Está gostando da vida de pastor, mestre Touchstone?
Touchstone: Para ser franco, pastor é em si uma vida boa, mas considerando que se trata de uma vida de pastor, é um nada. Por ser solitária, eu gosto bastante, mas considerando que é isolada, é uma vida muito vil. Agora, por ser uma vida nos campos, me agrada muito, mas, por não ser na corte, é tediosa. Como é uma vida frugal, veja você, adequa-se bem ao meu humor; mas como não há mais abundância, vai contra o meu estômago. Há alguma filosofia em você, pastor?
– William Shakespeare, *Do jeito que você gosta*, ato 3, cena 2

Sempre que dou uma palestra sobre atenção plena, as pessoas inevitavelmente me fazem determinadas perguntas: Como é possível ser plenamente atento o tempo todo? Isso não exige muito esforço? Se continuarmos fazendo novas distinções com tamanha consciência, como vamos tomar qualquer decisão? Quando exemplos de atenção plena como os apresentados na segunda metade deste livro parecem não responder as perguntas, eu tento diversas metáforas. Por exemplo, para entender por que não é necessário ser plenamente atento em tudo o tempo todo, pense no cérebro como uma grande corporação com um CEO. Esse CEO está encarregado de monitorar o funcionamento geral da empresa e suas transações com o mundo externo – mas não monitora tudo ativamente, não pode, nem deve. O trabalho de manter o sistema de aquecimento na sede, por exemplo, costuma ser delegado ao pessoal da manutenção. O CEO não precisa cuidar dele a menos e até que um grande investimento seja necessário para fazer uma substituição. Da mesma forma, a maior parte de nós pode rotineiramente delegar a responsabilidade para a respiração. Não precisamos nos tornar plenamente atentos até que um resfriado, um beijo apaixonado ou os preparativos para uma maratona criem um problema para se respirar. Muitas atividades complexas, como dirigir um carro, exigem muito zelo nos primeiros estágios de aprendizado, mas não requerem 100% de consciência depois. A pessoa eficiente – como o CEO eficiente – aloca o foco com sabedoria, escolhendo onde e quando ser plenamente atento.

O CEO eficiente também precisa ter total consciência sobre o próprio trabalho. Em uma crise, o CEO que utiliza, como se fosse um autômato, soluções rotineiras aprendidas no MBA ou empregadas em situações anteriores pode não conseguir vencer o desafio. Um profissional plenamente atento pode sê-lo em dois níveis: simplesmente resolvendo a crise com atenção plena, ou usando-a como oportunidade para a inovação. Por exemplo, quando a produtividade cai, o CEO que está plenamente atento nota e pode aumentar a supervisão sobre os funcionários enquanto um que está consciente com atenção plena pode repensar toda a situação dos funcionários e considerar opções de participação nas ações ou uma creche na empresa.

A atenção plena de segunda ordem, escolher sobre o que ter total consciência, é algo que podemos fazer o tempo todo. Ainda que não seja uma possibilidade nem um desejo ser consciente em relação a tudo ao mesmo tempo, podemos sempre sê-lo sobre alguma coisa. A função mais importante para qualquer CEO, e para o resto de nós, é escolher sobre o que ter atenção plena. Em vez de passar o dia inspecionando cada gasto ou detalhe na fábrica, o executivo que é consciente com atenção plena escolhe a que prestar atenção.

Além disso, também me perguntam se não é necessário agir com automatismo sobre algumas coisas para tomar uma decisão. Vamos pensar na escolha de um restaurante: devo jantar em um restaurante chinês ou francês? Se eu escolher a comida chinesa, devo ir ao Joyce Lee's, Peking Delight, Lucky Eden ou Ming's Hunan? Joyce Lee's tem o melhor frango *mushi*, mas o Peking Delight tem costelas melhores – às vezes. Lucky Eden é mais conveniente, mas o Ming's tem mais privacidade. O Peking Delight é menos caro. Se eu for ao Joyce Lee's, talvez encontre Norm, Carol,

Carrie e Andrea – seria bom vê-los hoje à noite. Mas e quanto àquele restaurante tailandês que acabou de abrir na mesma rua?

O problema não é a necessidade de mapear todas as alternativas com atenção plena; é acreditar que, se criar cada vez mais argumentos e se fizer cada vez mais perguntas, vai acabar descobrindo *a* resposta. Tipicamente, acreditamos que existem maneiras puramente racionais de tomar decisões e que, se não conseguimos fazer uma escolha, é porque não existem dados suficientes. A atenção plena de segunda ordem reconhece que não existe resposta certa. Tomar decisões independe da coleta de dados. Estes não fazem escolhas, as pessoas, sim – com facilidade ou dificuldade. A ambivalência sobre uma decisão ou sobre um indivíduo – amigo, amante, cônjuge – se torna um problema se estivermos convencidos de que obter mais informações pode solucionar essa ambivalência em uma ou outra direção. Gerar mais perguntas não vai ajudar porque não existe um ponto de parada lógico. Então, podemos muito bem escolher quando parar de fazer perguntas, reconhecer que se trata de um momento arbitrário e então tomar uma decisão "instintiva". Podemos, assim, nos esforçar para tornar a decisão certa em vez de ficar obcecados em decidir corretamente.

Para entender essa suposta armadilha da atenção plena e meios de contorná-la, podemos olhar para exemplos mais sérios. Vamos pegar o caso de um médico ou juiz interessado na questão do desejo de prolongar ou não a vida diante de uma dor intolerável. Tom Schelling, um colega na Escola de Governo John F. Kennedy, em Harvard, sugeriu que oferecer a uma pessoa – por exemplo, alguém que está sofrendo com uma doença terrível – os meios de causar a própria morte pode ter duas consequências bem diferentes. Por um lado, a vida pode se tornar mais curta caso a pessoa faça uso rápido dessa oportunidade. Por outro, o aumento do controle sobre o próprio destino pode levá-la a querer viver mais do que aconteceria sem esse controle.[1]

As informações conflitantes trazidas por essas reflexões feitas com atenção plena podem parecer decisões mais difíceis. Na verdade, elas devolvem a discussão ao lugar certo: aos valores individuais. O médico, o juiz e o paciente devem decidir entre o princípio de prolongar a vida a qualquer custo e o "direito" de determinar a qualidade da vida. Fazer mais distinções não vai resultar em respostas certas e absolutas.

Viver em um estado plenamente atento pode ser comparado a viver em uma casa transparente. Nas casas em que a maioria de nós vive, se estivermos na sala e precisarmos de um objeto (ideia) que está no porão, talvez não saibamos exatamente onde ele está. Mas, na nossa casa transparente, os objetos estariam sempre à disposição. Quando estivéssemos na sala, ainda conseguiríamos ver o objeto no porão, mesmo que optássemos por não pensar nele ou usá-lo naquele momento. Se aprendêssemos essa atenção plena, essa condicionalidade, poderíamos estar nesse estado mental sempre a postos. Assim, enquanto é verdade que não podemos pensar em tudo ao mesmo tempo, tudo pode estar disponível. Estar alerta dessa maneira, aberto a novas perspectivas e a novas informações, não requer esforço. O que pode exigir esforço é a *mudança* do automatismo para a atenção plena, assim como na física é necessário esforço para mudar a direção de um corpo em movimento e energia é necessária para colocar um corpo inerte em movimento.

A consciência acurada de diferentes opções nos dá mais controle. Essa sensação de maior controle, por sua vez, nos encoraja a sermos mais plenamente atentos. Em vez de ser uma tarefa, a atenção plena nos envolve em um impulso contínuo.

Uma razão por que a atenção plena pode parecer trabalhosa é a dor dos pensamentos negativos. Quando pensamentos são desconfortáveis, as pessoas costumam ter dificuldade de eliminá-los. No entanto, a dor não vem da consciência aguçada desses pensamentos, mas de uma compreensão limitada do evento doloroso. Uma nova perspectiva plenamente atenta apagaria a dor de modo mais eficiente.

Da mesma forma, o pensamento ansioso deu à atenção plena uma má reputação. Imagine que você está num carro que faz um barulho aflitivo. Claro, você diz, considerar com atenção plena todas as coisas que podem estar erradas não é algo que gostaríamos de fazer. No entanto, ter uma certeza automatizada de que o barulho tem uma causa alarmante não é nem agradável nem útil. Pelo menos, se existe uma solução, a pessoa que tiver mais atenção plena tem maior chance de encontrá-la. A ansiedade não é plenamente atenta, e o automatismo não é relaxante. Na verdade, eventos estressantes provavelmente são menos estressantes quando considerados de múltiplas perspectivas. Enquanto algumas pessoas acreditam que a atenção plena é muito trabalhosa, as pesquisas discutidas neste livro mostram que esse estado mental leva à sensação de controle, maior liberdade de ação e menor exaustão. Mesmo com as melhores definições, as pesquisas mais sofisticadas, e as respostas mais cuidadosas para cada pergunta, a atenção plena, como o riacho a que a comparamos antes, não pode ser capturada, não pode ser analisada de uma vez por todas. Os experimentos que meus colegas e eu realizamos e os casos da vida cotidiana apresentados neste livro apenas acenam para o enorme potencial do estado plenamente atento. Ao tentar quantificá-lo, ou reduzi-lo a uma fórmula, corremos o risco de perder de vista o todo. C. M. Gillmore conta uma fábula esplêndida, com uma moral da história para aqueles que insistem em resultados impecáveis e definitivos:

> Era uma vez um psicometrista muito respeitado e reconhecido de uma excelente universidade que estava navegando de um mar para o outro, desfrutando de merecidas férias.
> Num lindo dia ensolarado, sua embarcação estava em um porto muito pequeno de um atol muito pequeno onde, a tripulação lhe informou, eles paravam de vez em quando a fim de deixar comida para três eremitas que eram os únicos habitantes do local. E, como era de se esperar, lá estavam eles parados na areia para receber o professor, as longas

barbas brancas e os jalecos soprando ao vento, com a exata imagem que se imaginaria de eremitas, e seu prazer em vê--lo foi gratificante. Como explicaram, eles tinham ido para aquele arquipélago muito, muito tempo atrás para adentrar em uma pura pesquisa do comportamento animal, e não serem interrompidos pelas preocupações do mundo, como as aulas, as reuniões de departamento e uma miríade de outras distrações. Mas, durante esses muitos anos, eles tinham esquecido boa parte dos métodos estatísticos apropriados que são ensinados na academia e estavam muito ávidos por se atualizar na fonte da sabedoria do professor.

Então, o sábio doutor conversou com eles por muitas horas, revivendo suas memórias de projetos simples e complexos, de métodos e técnicas necessários para publicações, e os instruiu para que pudessem reconhecer o teste estatístico adequado para seus dados de novo. Sentindo que tinha tido um belo dia de trabalho, o psicometrista voltou para sua embarcação e saiu velejando.

Ao amanhecer – ele sempre acordava cedo –, o professor estava sentado em uma cadeira em seu deque sob a luz clara e, contra o horizonte brilhante, viu uma imagem estranha – e inacreditável. Depois de tentar identificar por um tempo um barco, uma canoa, um caiaque ou até um bote, o professor mandou chamar o capitão. Os dois ficaram olhando por binóculos e tiveram que admitir o impossível: um macaco Rhesus se aproximava nas costas de um grande boto. Parecia não haver o que fazer além de se debruçar no parapeito enquanto o macaco e o boto paravam. O macaco gritou:

"Meu caro e sábio professor, fomos treinados no laboratório dos eremitas, e eles imploram seu perdão por nos enviar para incomodá-lo com suas questões, mas nenhum deles consegue lembrar como o senhor disse para determinar os graus denominadores de liberdade, e como precisam saber disso para conseguir que seus resultados sejam publicados..."[2]

No laboratório dos eremitas, ninguém notou que os macacos sabiam falar.

NOTAS

Capítulo 1
1. LANGER, E. e RODIN, J. "The Effects of Enhanced Personal Responsibility for the Aged: a Field Experiment in an Institutional Setting", *Journal of Personality and Social Psychology*, 34, p. 191-8, 1976; RODIN, J. e LANGER, E. "Long-Term Effects of a Control-Relevant Intervention Among the Institutionalized Aged", *Journal of Personality and Social Psychology*, 35, p. 897-902, 1977.
2. GERSICK, C. e HACKMAN, J. R. "Habitual Routines in Task-Performing Groups", *Organizational Behavior and Human Decision Processes*, 1990.
3. ILLICH, I. *Medical Nemesis.* Nova York: Pantheon, 1976.

Capítulo 2
1. TRUNGPA, C. *Cutting through Spiritual Materialism.* Boulder e Londres: Shambhala, 1973.
2. T'AI P'ING. *Kuang Chi* (978 d.C), [Amplos registros feitos em período de paz e prosperidade] apud BORGES, J. L. *Libro de los seres imaginários.* Buenos Aires: Editorial Kiersa; Fauna China, 1967, p. 88. [Ed. bras.: *O livro dos seres imaginários.* São Paulo: Companhia das Letras, 2007.]

3. SOLOMONS, L. e STEIN, G. "Normal Motor Automation", *Psychological Review*, 36, p. 492-572, 1896.
4. LANGER, E., BLANK, A. e CHANOWITZ, B. "The Mindlessness of Ostensibly thoughtful Action: the Role of Placebic Information in Interpersonal Interaction", *Journal of Personality and Social Psychology*, 36, p. 635-42, 1978.
5. Ibid.
6. Para entender a relação mais complexa entre processamento automático de informação e o automatismo, compare LANGER, E. "Minding Matters", in: BERKOWITZ, L. (org.). *Advances in Experimental Social Psychology*. Nova York: Academic Press, 1996; e SCHNEIDER, W. e SCHIFFRIN, R. M. "Controlled and Automatic Human Information Processing: I. Detection, Search, and Attention", *Psychological Review*, 84, p. 1-66, 1977.
7. A resposta correta é 8. Um teste semelhante foi impresso no cartão de visitas da Copy Service of Miami, Inc.

Capítulo 3

1. LANGER, E. e WEINMAN, C. "When thinking Disrupts Intellectual Performance: Mindlessness on an Over-Learned Task", *Personality and Social Psychology Bulletin*, 7, p. 240-3, 1981.
2. Tradução livre de "**Q.** What do we call the tree that grows from acorns?/ **A.** Oak." "**Q.** What do we call a funny story?/ **A.** Joke." "**Q.** What do we call the sound made by a frog? **A.** Croak." "**Q.** What do we call the white of an egg?/ **A.** Yolk.". In: KIMBLE, G. A. e PERLMUTER, L. "The Problem of Volition", *Psychological Review*, 77, p. 212-8, 1970.

3. CHANOWITZ, B. e LANGER, E. "Premature Cognitive Commitment", *Journal of Personality and Social Psychology*, 41, p. 1051-63, 1981.
4. O estudo na verdade empregou um desenho factorial 2 × 2 em que as variáveis de interesse foram relevância (por exemplo, probabilidade de ter o distúrbio, 10% versus 80%) e instruções de pensar sobre o problema (sim versus não).
5. FREUD, S. (1912). "A Note on the Unconscious in Psychoanalysis". In: STRACHEY, J. (org.). *The Standard Edition of the Complete Psychological Works of Sigmund Freud.* vol. 12. Londres: Hogarth Press, 1959. p. 265.
6. PLATÃO, *Republics*, livro IX. Oxford: Clarendon Press, 1888. p. 281, apud ERDELYI, M. *Psychoanalysis*. Nova York: Freeman, 1985.
7. Os cientistas sabem que, enquanto é possível não encontrar evidências *para* uma hipótese – a hipótese nesse caso é que alguma habilidade específica é ilimitada –, isso não é a mesma coisa que encontrar evidências *contra* uma hipótese. Não é possível provar que não há limites. É preciso continuar ultrapassando limites passados.
8. DEWSBURY, D. "Effects of Novelty on Copulatory Behavior. The Coolidge Effect and Related Phenomenon", *Psychological Bulletin*, 89, p. 464-82, 1981.
9. ORME, J. E. *Time, Experience and Behavior*. Londres: Illif Books, 1969.
10. MACH, E. *Science of Mechanics*. Chicago: Open Court Publishing, 1983.
11. ARNIS, R. e FROST, B. "Human Visual Ecology and Orientation Anestropies in Acuity", *Science*, 182, p. 729-31, 1973.

12. HOLMES, D. e HOUSTON, B. K. "Effectiveness of Situation Redefinition and Affective Isolation in Coping with Stress", *Journal of Personality and Social Psychology*, 29, p. 212-8, 1974.
13. *The Boston Globe*, 11 de março de 1980.
14. BROWN, D. "Stimulus-Similarity and the Anchoring of Subjective Scales", *American Journal of Psychology*, 66, p. 199-214, 1953.
15. POSTMAN, L., BRUNER, J. e McCGINNIES, E. "Personal Values as Selective Factors in Perception", *Journal of Abnormal Psychology*, 48, p. 142-54, 1948.
16. *Allport-Vernon Study of Values*. Boston: Houghton Mifflin, 1931.

Capítulo 4

1. LEVITT, T. "Marketing Myopia", *Harvard Business Review*, 38, n. 4, p. 45-56, 1960; reimpresso em *Harvard Business Review*, 53, n. 5, p. 26-174, 1975.
2. LANGER, E., JOHNSON, J. e BOTWINICK, H. "Nothing Succeeds Like Success, Except...", in: LANGER, E. *The Psychology of Control*. Los Angeles: Sage Publications, 1983.
3. LANGER, E. e BENEVENTO, A. "Self-Induced Dependence", *Journal of Personality and Social Psychology*, 36, p. 886-93, 1978.
4. MILGRAM, S. *Obedience to Authority*. Nova York: Harper & Row, 1974.
5. LANGER, E. e NEWMAN, H. "Post-Divorce Adaptation and the Attribution of Responsibility", *Sex Roles*, 7, p. 223--32, 1981.
6. LANGER, E., PERLMUTER, L., CHANOWITZ, B. e RUBIN, R. "Two New Applications of Mindlessness Theory:

Alcoholism and Aging", *Journal of Aging Studies*, vol. 2:3, p. 289-99, 1988.
7. LUCHINS, A. e LUCHINS, E. "Mechanization in Problem-Solving: the Effect of Einstellung", *Psychological Monographs*, 54, n. 6, 1942.
8. SELIGMAN, M. *Helplessness:* on Depression, Development and Death. San Francisco: Freeman, 1975.
9. RICHTER, C. P. "The Phenomenon of Sudden Death in Animals and Man", *Psychosomatic Medicine*, 19, p. 191-8, 1957.
10. LEFCOURT, H. apud SELIGMAN, M. *Helplessness:* on Depression, Development and Death. São Francisco: Freeman, 1975.
11. JAMES, W. "The World We Live In". *The Philosophy of William James*. Nova York: Modern Library, 1953.
12. LANGER, E., PERLMUTER, L., CHANOWITZ, B. e RUBIN, R. "Two New Applications of Mindlessness Theory: Alcoholism and Aging", *Journal of Aging Studies*, vol. 2:3, p. 289-99, 1988.
13. A felicidade não é, de forma estereotipada, relacionada à idade como a falta de alerta e de independência. Portanto, os participantes não se avaliaram como pessoas mais felizes, tampouco os avaliadores independentes o fizeram. Isso indica que as avaliações não foram indiscriminadas.
14. DICKENS, C. *Great Expectations* (1860-1861). Cambridge: Riverside Press, 1877. p. 51. [Ed. bras.: *Grandes esperanças*. São Paulo: Companhia das Letras, 2012.]

Capítulo 5
1. TOLSTÓI, L. *WarandPeace* (1869). Tradução de Louise e Aylmer Maude. Oxford: Oxford University Press, 1983. [Ed. bras.: *Guerra e paz*. São Paulo: Companhia das Letras, 2017.]

2. BRUNER, J., GOODNOW, J. e AUSTIN, G. *A Study of Thinking*. Nova York: Wiley, 1956; BROWN, R. *Words and Things*. Nova York: Free Press, 1958.
3. FREUD, S. (1907). "Creative Writers and Daydreaming". In: STRACHEY, J. (org.). *The Standard Edition of the Complete Psychological Works of Sigmund Freud*. vol. 9. Londres: Hogarth Press, 1959. p. 143-4.
4. LANGER, E. e WEINMAN, C. "Mindlessness, Confidence and Accuracy" (1976), como descrito em CHANOWITZ, B. e LANGER, E. "Knowing More (or Less) than You Can Show: Understanding Control through the Mindlessness/Mindfulness Distinction". In: SELIGMAN. M. E. P. e GARBER, J. (org.). *Human Helplessness*. Nova York: Academic Press, 1980.
5. JONES, E. e NISBETT, R. "The Actor and the Observer: Divergent Perceptions of the Causes of Behavior". In: JONES, E. et al. (org). *Attributions:* Perceiving the Causes of Behavior. Morristown: General Learning Press, 1972.
6. LINDAHL, I. "Chernobyl: the Geopolitical Dimensions", *American Scandinavian Review*, 75, n. 3, p. 29-40, 1987.
7. Esses pontos de vista são diferentes de outra maneira que é importante para o estudo da psicologia. Quanto mais específico o nível da análise, maior a probabilidade da imprevisibilidade. O estudo da personalidade em geral não presta atenção na análise prototípica do indivíduo. Como no exemplo citado, as diferenças nessa dimensão, quer venham da característica ou do estado, podem fazer surgir uma dificuldade interpessoal.
8. Se alguém toma uma *decisão consciente* de considerar parâmetros alternativos para uma informação complexa negativa, não se pode acusá-lo, dentro do razoável, de "racionalizar".

9. LANGER, E. e THOMPSON, L. "Mindlessness and Self-Esteem: the Observer's Perspective", Harvard University, 1987.
10. LANGER, E., JANIS, I. e WOLFER, J. "Reduction of Psychological Stress in Surgical Patients", *Journal of Experimental Social Psychology*, 11, p. 155-65, 1975.
11. PASCALE, R. e ATHOS, N. *The Art of Japanese Management*. Nova York: Simon & Schuster, 1981.
12. DRUKER, S. "Unified Field Based Ethics: Vedic Psychology's Description of the Highest Stage of Moral Reasoning", *Modern Science and Vedic Science*. [No prelo.]
13. Ver LANGER, E. *Minding Matters* (capítulo 2, nota 6) sobre discussão de modos latentes *versus* expressados de atenção plena. Apenas o modo expressado está sendo considerado neste livro.
14. DEIKMAN, A. "De-Automatization and the Mystic Experience", *Psychiatry*, 29, p. 329-43, 1966.

Capítulo 6
1. LANGER, E. e RODIN, J. "The Effects of Enhanced Personal Responsibility for the Aged: a Field Experiment in an Institutional Setting". *Journal of Personality and Social Psychology*, 34, p. 191-8, 1976; RODIN, J. e LANGER, E, "Long-Term Effects of a Control-Relevant Intervention Among the Institutionalized Aged", *Journal of Personality and Social Psychology*, 35, p. 275-82, 1977.
2. LANGER, E. e PERLMUTER, L. "Behavioral Monitoring as a Technique to Influence Depression and Self-Knowledge for Elderly Adults". Cambridge: Harvard University, 1988.
3. PERLMUTER, L. e LANGER, E. "The Effects of Behavioral Monitoring on the Perception of Control". *The Clinical Gerontologist*, 1, p. 37-43, 1979.

4. BALTES, M. M. e BARTON, E. M. "Behavioral Analysis of Aging: a Review of the Operant Model and Research", *International Journal of Behavior Development*, 2, p. 297-320, 1979.
5. AVORN, J. e LANGER, E. "Induced Disability in Nursing Home Patients: a Controlled Trial", *Journal of American Geriatric Society*, 30, p. 397-400, 1982; LANGER, E. e AVORN, J. "The Psychosocial Environment of the Elderly: Some Behavioral and Health Implications", in: SEAGLE, J. e CHELLIS, R. (orgs.). *Congregate Housing for Older People*. Lexington: Lexington Books, 1981.
6. LANGER, E., RODIN, J., BECK, P., WEINMAN, C. e SPITZER, L. "Environmental Determinants of Memory Improvement in Late Adulthood", *Journal of Personality and Social Psychology*, 37, p. 2003-13, 1979.
7. LANGER, E., BECK, P., JANOFF-BULMAN, R. e TIMKO, C. "The Relationship between Cognitive Deprivation and Longevity in Senile and Nonsenile Elderly Populations", *Academic Psychology Bulletin*, 6, p. 211-26, 1984.
8. BEAUVOIR, S. de. *Old Age*. Londres: Andre Deutsch, 1972.
9. CICERO. *Two Essays on Old Age and Friendship*. Londres: Macmillan & Co., 1900.
10. ROWE, J. e KAHN, R. "Human Aging: Usual and Successful", *Science*, 273, p. 143-9, 1987.
11. SCOTT-MAXWELL, F. *The Measure of My Days*. Nova York: Knopf, 1972.
12. MULVEY, A. e LANGER, E., como discutido em RODIN, J. e LANGER, E. "Aging Labels: the Decline of Control and the Fall of Self-Esteem", *Journal of Social Issues*, 36, p. 12-29, 1980.
13. KATZMAN, P. e CARASU, T. "Differential Diagnosis of Dementia". In: FIELDS, W. S. (org.). *Neurological and Sensory*

Disorders in the Elderly. Miami: Symposia Specialist Medical Books, 1975. p. 103-4.
14. KOLATA, G. "New Neurons Form in Adulthood", *Science*, 224, p. 1325-6, 1984.
15. FIALA, B. A., JOYCE, J. N. e GREENOUGH, W. T. "Environmental Complexity Modulates Growth of Granule Cell Dendrites in Developing but not Adult Hippocampus of Rats", *Experimental Neurology*, 59, p. 372-83, 1978; GREENOUGH, W. e VOLKMAR, F. "Patterns of Dendritic Branching in Occipital Cortex of Rats Reared in Complex Environments", *Experimental Neurology*, 40, p. 491-508, 1973; KRECH, D., ROSENZWEIG, M. R. e BENNET, E. L. "Relations between Brain Chemistry and Problem Solving Among Rats Raised in Enriched and Impoverished Environments", *Journal of Comparative and Physiological Psychology*, 55, p. 801-7, 1962; VOLKMAR, F. e GREENOUGH, W. "Rearing Complexity Affects Branching of Dendrites in the Visual Cortex of the Rat", *Science*, 176, p. 1445-7, 1972; CUMMINS, R. A. e WALSH, R. N. "Synaptic Changes in Differentially Reared Mice", *Australian Psychologist*, 2, n. 229, 1976.
16. ROSENZWEIG, M., BENNETT, E. L. e DIAMOND, M. "Brain Changes in Response to Experience", *Scientific American*, 226, n. 2, p. 22-9, 1972.
17. STRACHEY, L. *Queen Victoria*. Nova York e Londres: Harcourt Brace Jovanovich, 1921. [Ed. bras.: *Rainha Victoria*. Rio de Janeiro: BestBolso, 2015.]
18. JAMES, W. *Letters of William James*. Organização de H. James. vol. 1. Boston: Atlantic Monthly Press, 1920.
19. LANGER, E., CHANOWITZ, B., PALMERINO, M., JACOBS, S., RHODES, M. e THAYER, P. (1988).

"Nonsequential Development and Aging". ALEXANDER, C. e LANGER, E. (orgs.). In: *Higher Stages of Human Development:* Perspectives on Adult Growth. Nova York: Oxford University Press, 1990.

20. Entramos em contato com vinte dos principais pesquisadores de medicina dos Estados Unidos cujas especialidades são geriatria, doenças cardíacas e endocrinologia. Cada um destacou que não parece haver medidas confiáveis de envelhecimento. "Se colocarmos uma pessoa de 50 anos em uma sala e uma de 70 em outra, como fazemos para distingui-las?", perguntamos. Quase todos os médicos responderam: "Seria extremamente difícil. A melhor aposta seria a aparência. A única exceção possível seriam radiografias do esqueleto. As mudanças relacionadas à idade da osteoartrite, em especial na coluna, são bastante reconhecíveis [...] No entanto, essas mudanças de maneira nenhuma são uniformes com a idade e, às vezes, começam a se desenvolver bem cedo, na meia-idade, e, às vezes, só numa idade avançada". Outro médico disse: "É preciso ter medidas de referência para cada indivíduo". Um dos pesquisadores mais sofisticados da área respondeu: "Em estudos das variáveis que mudam de modo mais dramático com a idade (função cardíaca, pulmonar, renal), há sempre indivíduos velhos (com mais de 80 anos de idade) que têm um desempenho tão bom quanto alguém de 30 anos, e em geral há indivíduos jovens que têm desempenho no mesmo nível que um idoso médio".

Essa falta de medidas convencionadas dificulta o processo de desenhar nosso estudo. Acabamos definindo medidas de função corporal que, pelo menos, são de alguma forma correlatas ao envelhecimento. Existem mudanças comuns na aparência que vêm com a velhice. O nariz se alonga, os olhos perdem o brilho, parecem opacos e, muitas vezes, aquosos. A pele torna-se enrugada e seca; manchas escuras, verrugas ou pintas podem aparecer. O cabelo fica grisalho, branco ou cai. Os ombros se encurvam. Os braços ficam flácidos, e os antebraços, menores. As mãos ficam finas, e as veias se tornam bastante visíveis. Da mesma forma, a acuidade visual diminui, e as pessoas tendem a se tornar mais hipermetropes. A capacidade de ouvir tons agudos diminui, e as papilas gustativas atrofiam. Na parte psicológica, ocorre decréscimo na capacidade de aprender e lembrar informações recém--adquiridas. O andar se torna mais lento, assim como o tempo de reação. Com isso em mente, desenvolvemos uma bateria de medidas para avaliar melhorias no domínio da competência física e psicológica como uma função do nosso "tratamento".

21. BALES, R. e COHEN, S. *SYMLOG:* a System for Multiple Level Observation of Groups. Nova York: The Free Press, 1979.

22. LANGER, E. e RODIN, J. "Effects of Enhanced Personal Responsibility for the Aged", *Journal of Personality and Social Psychology*, 34, p. 191-8, 1976; RODIN, J. e LANGER, E. "Long-Term Effects of Control-Relevant Intervention", *Journal of Personality and Social Psychology*, 35, n. 12, p. 897-902, 1977.

23. Limitação de fundos impediu uma investigação subsequente. No entanto, pode-se esperar um retorno a níveis mais baixos de competência, com um retorno à vida em contexto de baixa expectativa.

Capítulo 7

1. POINCARÉ, H. "Intuition and Logic Mathematics", *Mathematics Teacher*, 62, n. 3, p. 205-12, 1969.
2. DUNCAN, I. apud BATESON, G. *Steps to an Ecology of Mind.* San Francisco: Chandler Publications, 1972. p. 137.
3. Apud GOLDBERG, P. *The Intuitive Edge.* Los Angeles: J. P. Tarcher, 1983.
4. CHURCHILL, W., como citado em: GOLDBERG, P. *The Intuitive Edge.* Los Angeles: J. P. Tarcher, 1983.
5. BRUNER, J. e CLINCHY, B. "Towards a Disciplined Intuition". In: BRUNER, J. (org.). *Learning about Learning.* Washington, D.C.: Office of Education, Department of Health, Education, and Welfare. p. 71-83.
6. LANGER, E. e PIPER, A. "The Prevention of Mindlessness", *Journal of Personality and Social Psychology*, 53, p. 280-7, 1987.
7. LANGER, E., PIPER, A. e FRIEDUS, J. "Preventing Mindlessness: a Positive Side of Dyslexia". Cambridge: Harvard University, 1986.
8. AMABILE, T. *The Social Psychology of Creativity.* Nova York: Springer-Verlag, 1983.
9. GETZELS, J. W. e JACKSON, P. "Family Environment and Cognitive Style: a Study of the Sources of Highly Intelligent and Highly Creative Adolescents", *American Sociological Review*, 26, p. 351-9.
10. LANGER, E. e JOSS, J., como descrito em LANGER, E., HATEM, M., JOSS, J. e HOWELL, M. "The Mindful Consequences of Teaching Uncertainty for Elementary School and College Students", *Creativity Research Journal*, 1989.
11. Mais confirmação do valor do aprendizado condicionado pode ser encontrada em SALOMON, G. e GLOBERSON, T.

"Skill May Not Be Enough: the Role of Mindfulness in Learning and Transfer", *International Journal of Educational Research*, 11, p. 623-7, 1987; e SOLOMON, G. e PERKINS, D. "Rocky Roads to Transfer: Rethinking Mechanisms of a Neglected Phenomenon", *Educational Researcher*, abril de 1989.

12. GOULD, S. J. "The Case of the Creeping Fox Terrier Clone", *Natural History*, 97, n. 1, p. 16-24, 1988.
13. BARCHILLON, J. "Creativity and Its Inhibition in Child Prodigies". *Personality Dimensions of Creativity*. Nova York: Lincoln Institute for Psychotherapy, 1961.
14. GUILFORD, J. P. *The Nature of Human Intelligence*. Nova York: McGraw-Hill, 1967.
15. Quanto mais alto o grau de instrução, mais difícil encontrar respostas absolutamente corretas. Leões em um grupo são chamados de *pride* de leões [em inglês, "pride" significa tanto orgulho quanto alcateia, o coletivo de leões], o que torna *herd* [rebanho, manada] uma resposta adequada. Uma comparação de um animal com uma emoção tornaria *vanity* [vaidade] adequado. A resposta "correta" em um texto pode não ser clara se for escrita como se não tivesse contexto. A mente mais atenta, livre de contexto, pode enxergar muito mais do que o pretendido.
16. Assistir à televisão é outra ocupação em que o uso de novas perspectivas pode ser benéfico. Até mesmo a TV pode ser assistida de modo atento. Em um estudo conduzido com Alison Piper, fiz os participantes assistirem à novela norte--americana *Dynasty* de diferentes perspectivas. Os resultados – descritos em LANGER, E. e PIPER, A., "Television from a Mindful/Mindless Perspective", *Applied Social Psychology*

Annual. Vol. 8. Los Angeles: Sage Publications, 1988 – incluíram aumento de controle do espectador e outras consequências positivas.

17. PIAGET, J. "Psychology and Epistemology". Nova York: Grossman, 1971, p. vii, apud HOLTON, G. *The Advancement of Science, and Its Burdens*. Cambridge: Cambridge University Press, 1986.

Capítulo 8

1. LEVITT, T. "Marketing Myopia". *The Harvard Business Review*, 38, n. 4, p. 45-56, 1960; reimpresso em 53, n. 5, p. 26-174, 1975.
2. KARSTEN, A. (1928). "Mental Satiation". In: RIVERA, J. de (org.). *Field Theory as Human Science*. Nova York: Gardner Press, 1976.
3. KELLY, J. R. e McGRATH, J. E. "Effects of Time Limits of Task Types on Task Performance and Interaction of Four--Person Groups", *Journal of Personality and Social Psychology*, 49, p. 395-407, 1985.
4. Rosabeth Moss Kanter e Howard Stevenson, ambos da Harvard Business School, escreveram sobre uma versão dessa ideia para os negócios: KANTER, R. *The Change Masters: Innovation for Productivity in the American Corporation*. Nova York: Simon & Schuster, 1983; STEVENSON, H. e SAHLMAN, W. "How Small Companies Should Handle Advisers", *Harvard Business Review*, 88, n. 2, p. 28-34, 1988. Além disso, Irving Janis descreveu uma versão dessa ideia na arena política: JANIS, I. *Victims of Groupthink*. Boston: Houghton Mifflin, 1972.
5. FISHER, R. e UREY, W. *Getting to Yes*. Boston: Houghton Mifflin, 1981.

6. LEVITT, T. "Marketing Myopia", *The Harvard Business Review*, 38, n. 4, p. 45-56, 1960; reimpresso em 53, n. 5, p. 26-174, 1975.
7. LANGER, E. e HEFFERNAN, D. "Mindful Managing: Confident but Uncertain Managers". Cambridge: Harvard University, 1988.
8. LANGER, E. e SVIOKLA, J. "Charisma from a Mindfulness Perspective". Cambridge: Harvard University, 1988.
9. LANGER, E., HEFFERNAN, D. e KIESTER, M. "Reducing Burnout in an Institutional Setting: an Experimental Investigation". Cambridge: Harvard University, 1988.
10. FOLLET, M. P. *Dynamic Administration:* the Collected Papers of Mary Parker Follett. Bath: Bath Management, 1941, apud GRAHAM, P. *Dynamic Management:* the Follett Way. Londres: Professional Publishing, 1987.

Capítulo 9
1. BROWN, R. *Words and Things*. Nova York: The Free Press, 1956; BRUNER, J. "Personality Dynamics and the Process of Perceiving". In: BLAKE, R. R. e RAMSEY, G. V. (org.). *Perception:* an Approach to Personality. Nova York: Ronald Press, 1951. p. 121-47.
2. LANGER, E. e ABELSON, R. "A Patient by any other Name: Clinician Group Differences in Labelling Bias", *Journal of Consulting and Clinical Psychology*, 42, p. 4-9, 1974.
3. SWIFT, J. (1726). *Gulliver's Travels*. Nova York: Dell, 1961. [Ed. bras.: *As viagens de Gulliver.* São Paulo: Penguin, 2010.]
4. LANGER, E. e IMBER, L. "The Role of Mindlessness in the Perception of Deviance", *Journal of Personality and Social Psychology*, 39, p. 360-7, 1980.
5. LANGER, E., TAYLOR, S., FISKE, S. e CHANOWITZ,

B. "Stigma, Staring and Discomfort: a Novel Stimulus Hypothesis", *Journal of Experimental Social Psychology*, 12, p. 451-63, 1976.
6. PIPER, A., LANGER, E. e FRIEDUS, J. "Preventing Mindlessness: a Positive Side of Dyslexia". Cambridge: Harvard University, 1987.
7. MADJID, H. "The Handicapped Person as a Scientific Puzzle in Search of a Solution". Artigo apresentado no encontro anual da Academia Norte-Americana de Avanço da Ciência, Boston, 1988.
8. JONES, E. E. e BERGLAS, S. "Control of Attributions about the Self through Self-Handicapping Strategies: the Appeal of Alcohol and the Role of Underachievement", *Personality and Social Psychology Bulletin*, 4, p. 200-6, 1978.
9. LANGER, E. e CHANOWITZ, B. "A New Perspective for the Study of Disability". In: YUKER, H. E. (org.). *Attitudes towards Persons with Disabilities*. Nova York: Springer Press, 1987. A melhor solução, entretanto, pode ser ter expectativas altas e, como visto no Capítulo 5, encarar fracassos simplesmente como soluções ineficientes em vez de indícios de falta de capacidade.
10. McCLELLAND, D. *The Achieving Society*. Nova York: The Free Press, 1961.
11. LANGER, E., BASHNER, R. e CHANOWITZ, B. "Decreasing Prejudice by Increasing Discrimination", *Journal of Personality and Social Psychology*, 49, p. 113-20, 1985. O estudo, simplificado aqui, na verdade usou um desenho fatorial 2 × 2 em que as variáveis de interesse foram treinamento em atenção plena (alto *versus* baixo) × público-alvo (deficiente *versus* não deficiente). Encorajamos o aluno avançado de psicologia a ler o trabalho original para obter detalhes mais sutis.

Capítulo 10

1. SHERRINGTON, Sir Charles. *Man on his Nature*. 2ª ed. Nova York: Doubleday Anchor Books, 1953. p. 194.
2. KATZ, R. *Boiling Energy*. Cambridge: Harvard University Press, 1982.
3. EDDINGTON, A. *The Nature of the Physical World*. Ann Arbor: University of Michigan Press, 1958.
4. SCHACTER, S. e SINGER, J. "Cognitive, Social, and Physiological Determinants of Emotional State", *Psychological Review*, 69, p. 379-99, 1962.
5. JAMES, W. "What Is Emotion?", *Mind* 9, p. 188-204, 1883.
6. LANGE, C. *The Emotions*. Baltimore: Williams & Wilkens, 1922; CANNON, W. "The James Lange Theory of Emotion: a Critical Examination and Alternative Theory", *American Journal of Psychology*, 39, p. 106-24, 1927.
7. ZAJONC, R. "Attitudinal Effects of Mere Exposure", *Journal of Personality and Social Psychology Monograph Supplement*, 9, n. 2, parte 2, p. 1-27, 1968.
8. BRICKMAN, P. *Commitment, Conflict and Caring*. Englewood Cliffs: Prentice-Hall, 1987.
9. JAMES, W. (1890). *The Principles of Psychology*. Cambridge: Harvard University Press, 1981.
10. BEECHER, H. K. "Relationship of Significance of Wound to Pain Experience", *Journal of American Medical Association*, 161, p. 1609-13, 1956.
11. ULRICH, R. S. "View from a Window May Influence Recovery from Surgery", *Science*, 224, p. 420-1, 1984.
12. O conhecimento do fato de que novidade/familiaridade é uma construção social possibilita uma boa dose de controle pessoal. Por exemplo, para diminuir a ansiedade alguém pode procurar elementos familiares em uma situação, da

mesma forma que, se estiver entediado, buscar características novas seria uma estratégia vantajosa.
13. JÄRVINEN, K. "Can Ward Rounds Be a Danger to Patients with Myocardial Infarction?", *British Medical Journal*, 1, n. 4909, p. 318-20, 1955.
14. LANGER, E., DILLON, KURTZ, M. R. e KATZ, M. "Believing is Seeing". Cambridge: Harvard University, 1988.
15. BELL, R. W., MILLER, C. E., ORDY, J. M. e ROLSTEN, C. "Effects of Population Density and Living Space upon Neuroanatomy, Neurochemistry and Behavior in the C57B1-10 Mouse", *Journal of Comparative and Physiological Psychology*, 75, p. 258-63, 1971.
16. ROSENZWEIG, M., BENNETT, E. L. e DIAMOND, M. "Brain Changes in Response to Experience", *Scientific American*, 226, n. 2, p. 22-9, 1972.
17. TOTMAN, R. *Social Causes of Illness*. Nova York: Pantheon Books, 1979. p. 96.
18. MARLATT, G. A. e ROHSENOW, D. J. "Cognitive Processes in Alcohol Use: Expectancy and the Balanced Placebo Design". In: MELLO, N. K. (org.). *Advances in Substance Abuse:* Behavioral and Biological Research. Vol. 1. Greenwich (Ct): JAI Press, 1980, p. 199.
19. WILSON, G. e ABRAMS, D. "Effects of Alcohol on Social Anxiety and Physiological Arousal: Cognitive versus Pharmacological Procedures", *Cognitive Therapy and Research*, 1, p. 195-210, 1977.
20. ROBBINS, L., DAVID, D. e NURCO, D. "How Permanent was Vietnam Drug Addiction?", *American Journal of Public Health*, 64, p. 38-43, 1974.
21. SIEGEL, S., HIRSAN, R., KRANK, M. e McGULLY, Y. "Heroin Overdose Death: Contribution of Drugs as Actual Environmental Cues", *Science*, 216, p. 436-7, 1982.

22. MARGOLIS, J. e LANGER, E. "An Analysis of Addiction from a Mindlessness/Mindfulness Perspective", *Psychology of Addictive Behavior*, 1991.
23. Ibid.
24. ADER, R. e COHEN, C. "Behaviorally Conditioned Immunosuppression and Nurive Systemic Lupus Eurythemastosus", *Science*, 215, p. 1534-6, 1982.
25. KELLY, S. F. e KELLY, R. J. *Hypnosis*. Reading: Addison-Wesley, 1985. p. 21.
26. THOMAS, L. *The Medusa and the Snail*. Nova York: Harper & Row, 1957.
27. SINCLAIR-GIEBEN, A. H. C. e CHALMERS, D. "Evaluation of Treatment of Warts by Hypnosis", *Lancet*, p. 480-2, 3 de outubro de 1959.
28. SIMONTON, O. C., MATTHEWS-SIMONTON, S. e CREIGHTON, J. L. *Getting Well Again*. Los Angeles: J. P. Tarcher, 1978.
29. COUSINS, N. *Anatomy of an Illness as Perceived by the Patient*. Nova York: W. W. Norton, 1979.
30. LANGER, E., RODIN, J., BECK, P., WEINMAN, C. e SPITZER, L. "Environmental Determinants of Memory Improvement in Late Adulthood", *Journal of Personality and Social Psychology*, 37, p. 2003-13, 1979; LANGER, E., BECK, P., JANOFF-BULMAN, R. e TIMKO, C. "The Relationship between Cognitive Deprivation and Longevity in Senile and Nonsenile Elderly Populations". *Academic Psychology Bulletin*, 6, p. 211-26, 1984; ALEXANDER, C., LANGER, E., NEWMAN, R., CHANDLER, H. e DAVIES, J. "Transcendental Meditation, Mindfulness and Longevity: an Experimental Study with the Elderly", *Journal of Personality and Social Psychology*, 57, n. 6, p. 950-64, 1989.

31. LANGER, E., FIELD, S., PACHES, W. e ABRAMS, E. "A Mindful Treatment for Arthritis". Cambridge: Harvard University, 1988.
32. HUXLEY, Thomas como citado em HUXLEY, J. *New Bottles for New Wine*. Londres: Chatto & Windus, 1957.

Epílogo

1. SCHELLING, T. Comunicação pessoal. Para uma discussão geral de morte e tomada de decisão, ver SCHELLING, T. "Strategic Relationships and Dying". In: McMULLIN, E. (org.). *Death and Decision*. Boulder: Westview Press, 1978, p. 63-73.
2. GILLMORE, C. M. "A Modern-Day Parable", *The American Psychologist*, 26, p. 314, 1971.

Agradecimentos

Como escrevi e reescrevi este livro muitas vezes, cada uma delas tentando tornar as ideias mais interessantes para um público mais amplo, e cada vez contando com o conselho paciente de amigos e colegas, tenho muitas pessoas a que agradecer. Robert Abelson, Daryl Bem, Anne Bernays, Otto Brodtrick, Jerome Bru ner, Marjorie Garber, Roslyn Garfield, William Goode, John Hallowell, Gerald Holton, Philip Holzman, Barbara Johnson, Jerome Kagan, Aron Katz, Phyllis Katz, Barbara Levine, Beverly London, Letty Cottin Pogrebin, Helen Rees, Eric Rofes, Howard Stevenson, Phyllis Temple, Marjorie Weiner e Lenore Weitzman enriqueceram o livro com seus comentários sensíveis. Não há como descrever quão grata estou por sua ajuda. A Elaine Noble faço um agradecimento especial pelos ricos *insights* que me deu na relação entre a teoria de automatismo/atenção plena e o alcoolismo. Os aspectos técnicos de preparar este manuscrito foram realizados com grande proficiência por Julie Viens, Barbara Burg e Andrea Marcus.

Os principais conceitos usados nesta obra derivam de pesquisas realizadas ao longo dos últimos quinze anos na Universidade Yale, na Universidade da Cidade de Nova York e, nos últimos doze anos, no Departamento de Psicologia de Harvard. Portanto, devo muitíssimo a todas as pessoas que colaboraram comigo nessas investigações. Mais especialmente, eu me beneficiei de anos de colaboração contínua com Benzion Chanowitz.

Minhas ideias às vezes são mais rápidas do que eu. Antes que eu consiga explicar uma com clareza, outra me vem à mente e rouba minha atenção. Por essa razão, imagino que o leitor compartilhe minha profunda gratidão pelas habilidades editoriais de Merloyd Lawrence, que foram inestimáveis para dar forma a este livro.